언니의
비밀
통장

언니의 비밀통장

**월 3만 원으로 1억 만드는
20대 전용 재테크**

허서윤 • 신찬옥 지음

21세기북스

contents

중급 코스
ETF로 연 7%+α 수익률 달성하기

고급 코스
최고의 가치주는 바로 너야!

CHAPTER 4

심화 코스
ETF 투자에 성공한 당신을 위해

경제신문 좀 읽은 언니가 권함 _ 신찬옥

"돈 관리를 어떻게 하면 좋을까요?"

후배들이 100번쯤 물었다. 나는 뭐라고 대답했던가. 그때그때 가장 유행한 상품을 추천했던 것 같다. 9년 전에는 근로자우대저축(요게 요게 금리가 짭짤했다)과 장기주택마련저축(대표적인 비과세 상품이었다)을, 금리가 떨어지고부터는 원금보장 ELS(Equity Linked Securities, 주가연계증권)와 저축은행 고금리 적금을, 펀드 열풍이 한창이던 7~8년 전에는 미래에셋과 한국투자증권의 펀드와 삼성그룹주 펀드, 차이나와 브릭스 등 해외 펀드를 추천했다.

물론 나도 각종 금융 상품에 가입했다. 명색이 경제신문 기자이니만큼, 공부한다 생각하고 이것저것 해봤다. 그중에는 짭짤한 수익을 안겨준 상품도 있고(올레!), 마이너스 수익률(이런 젠장!)에 눈물을 머금고 해지해야 했던 상품도 있다. 사회생활 10년차인 지금도 나는 여전히 이런저런 재테크 상품을 공부하는 중이고, 앞으로도 그럴 것이다.

경제신문사에 오래 다닌 선배 체면에 후배들이 돈 이야기를 묻는데 애먼 소리나 하고 있을 순 없었다. 기자의 자존심을 걸고 열심히 공부했다. 성공한 상품은 물론 실패한 상품도 공부가 되었다. 그렇게 공부의 내공이 쌓이고 같은 질문을 계속 받다 보니, 아예 족보라도 만들어서 나눠주면 어떨까 싶었다. 무엇보다도 내가 20대 사회 초년생일 때 누군가 해줬으면 좋았겠다 싶은 조언을 해주고 싶었다.

편집기자로 일한 지 10년이 코앞, 그동안 '경제신문 읽는 일'로 밥을 벌었다. 취재기자와 데스크가 '요놈 잘 읽었나 보자' 하고 눈을 부릅뜨고 있었기에 읽기 싫어도 죽어라 읽을 수밖에 없었다. 이렇게 주워들은 지식을 갖고 있다는 전제 아래, 지금 내가 20대 사회 초년생이라면 어디에 투자하면 좋을까 생각해봤다. 이 책의 공동 저자이자 사무실 옆자리 짝꿍인 서윤 씨와 이야기를 하다가 요즘 뜨는 상품인 ETF(Exchange Traded Fund, 상장지수펀드)에 꽂혔다! 나 역시 펀드만 해본 초짜였기에 주식처럼 사고판다고 해서 겁이

나기도 했지만, 막상 해보니 매수 주문도 간단하고 펀드와 크게 다를 게 없었으며, 수수료도 저렴해서 좋았다.

현재 월급이 얼마인지는 중요하지 않다! 수십만 원씩 넣어야 하는 것도 아니다. 몇만 원이라는 적은 금액으로도 시작할 수 있다는 것이 20대 후배들에게 ETF를 추천하는 가장 큰 이유다. 재테크에 올인할 필요도 없고, 매일매일 수익률에 연연하지 않아도 된다. 한 달에 한 번, 원하는 금액만큼 ETF를 매수하면 된다. 클릭 몇 번에 1분만 투자하면 충분하다. 이제 ETF는 차곡차곡 쌓이도록 고이 모셔두고, 나머지 시간엔 열심히 일하고 사랑하고 미래를 꿈꾸면 된다. 어제보다 나은 내가 되기 위해서 오늘을 알차게 채우면 된다.

요즘 20대들은 얼마나 힘든가? 그렇다고 시퍼렇게 젊은 날에 좌절만 하고 있을 순 없지 않나? 실제로 도움이 되는 희망을 주고 싶었다. 그 내용을 조금이라도 쉽게 전달해주고 싶어서(이건 편집기자의 직업병이기도 하다) 스토리 형식으로 풀어서 썼다.

맛난 식당 통째로 빌려, 밥 한 끼 먹이며 이야기해주고 싶었던 것들을 '은재'라는 예쁜 후배(내게 편집을 가르쳐준 스승 같은 선배의 귀염둥이 딸 이름이다)를 주인공으로 삼아 담아보았다. 스토리에 밥 먹는 이야기가 많은 건 그 때문이다. 맛있는 것 먹고 힘내서, 또 열심히 살아보자는 뜻이다. 못난 선배가 해줄 수 있는 건 밥 한 끼 사주는 것밖에 없더라니.

개인적으로 에필로그에서 은재와 김 과장 두 사람이 만나는 장면을 가장 좋아한다. 실제로 우리가 그렇게 만나는 모습인 양 기쁘게 떠올리면서 썼다. 나는 김 과장처럼 자상하고 능력 좋은 멘토는 아니지만, 경제적 자립을 이룬 모습은 내가 꿈꾸는 미래이기도 하다. 당신이 20대를 치열하게 보낸다면 그건 당신의 30대 모습이기도 할 것이다. 지금은 힘들고 막막해도, 커다란 항아리에 물 한 바가지 붓는 심정으로 당장 시작해보길. 몇 년 뒤에는 항아리 가득 찰랑찰랑 물이 차오르는 기쁨을 맛볼 수 있을 것이다.

5년 뒤, 그리고 10년 뒤 더 행복하고 여유로운 당신이 되길!

건투를 빈다.

단돈 3만 원으로 지금 당장 시작하라_ 허서윤

시작은 부자 이야기였다. 신문에나 등장할 법한 비현실적인 백만장자 말고 우리 주변에 있는 알짜 부자들 이야기. 점심시간이면 날마다 줄을 서는 회사 근처 맛집 사장님, 오가다 들러 시간을 때우는 동네 PC방 사장님이 알고 보니 수십억 자산가였던 것이다. 나는 궁금했다. 저런 '돈 좀 있으신 분'들은 어떻게 처음 사업을 시작했을까? 사업에 성공한 그들만의 비법은 뭘까?

그래서 그런 분들을 만나 이야기를 듣고 책으로 엮어내는 작업을 시작했다. 수십 명을 인터뷰하며 흥미진진한 부자들의 성공 스토리를 엮어 이야기를 만들어가다가, 문득 깨달았다. 내가 더 잘 쓸 수 있는 이야기가 있다는 것을. 다른 사람을 인터뷰하고 그들의 성공 스토리를 정리하는 것보다 내가 직접 경험하고 (작지만 보람되게) 이룬 것들을 이야기하고 싶어졌다. 부자의 첫걸음은 예나 지금이나 종잣돈 마련, 바로 그것이기에……

나는 2002년부터 경제신문사 편집부에서 신문을 만들고 있다. 9년 간의 직장 생활 동안 결혼도 하고 아이도 둘이나 태어나면서 가장으로서의 책임은 무거워졌다. 대한민국 모든 가장들이 그렇듯이 자연스레 돈에 관심을 갖게 되었고, 일하면서 얻게 된 정보—사실 신문사에서 접하는 정보라 해도 특별할 것은 없다. 핵심을 짚어낼 수 있도록 좀 더 꼼꼼하게 읽는 것일 뿐—를 그냥 보아 넘기지 않았다.

수십억 부자가 된 것은 아니지만, 작지만 의미 있는 내 성공의 비결은 단 하나다. 부동산, 증권, 재테크 지면을 만들면서 얻게 된 지식들을 실제 '행동'으로 옮겼다는 것. 다른 사람들은 신문을 읽고 그냥 지나치던 작은 것들을 나는 하나하나 실전에 적용해나갔다.

주식이 뭔지도 모르던 9년 전 수습 시절, 운 좋게 증권 면을 담당하는 선배에게서 '펀드'라는 상품과 '적립식'이라는 투자 방법을 처음 접하게 되었고, 자연스럽게 종잣돈 마련을 위해 은행 적금 대신 적립식 펀드 투자를 시작했다. 증시 대세상승 초기면서 적립식 펀드 열풍이 불기 바로 직전이어서 수익률은 대박이었다. 그렇게 모은 펀드는 일단 작은 집을 장만하는 데 쓰고, 다시 적립식 펀드 투자를 시작했다. 글로벌 금융위기로 반토막이 나는 동안에도 나는 계속 적립했고, 결국 코스피가 다시 2000을 넘은 시점에서 정리해 더 넓은 집으로 옮길 수 있었다. 내가 은행 적금에만 의존했다면 4인 가족 생활비를 지출하면서도 지금의 자산 상태를 만들 수 있었을까? 이게 바로 내가 이 책을 쓰는 이유다.

원하던 집을 새로 장만한 뒤, 다시 처음으로 돌아가 금융 상품 투자를 시작하려는 내 레이더에 포착된 상품이 바로 ETF다. 지금 당장 목돈이 없어도 되고, 장기 적립식으로 사두면 종잣돈이 마련되니 사회 초년생에게 딱이다 싶었다. 때마침 20대를 위한 재테크 책을 쓰고 싶어 하던 입사 동기 신찬옥과 의기투합했다. 찬옥 씨가 '은재의 성공 스토리'를 구상해 오면, 나는 실전에 바로 써먹을 수 있는 재테크 팁과 알짜 정보를 더하는 식이었다.

우리는 둘 다 펀드 전문가가 아니다. 더 좋은 투자 방법도 얼마든지 있을 것이다. 그러나 당신이 사회 초년생이라면, 또 재테크보다 더 큰 삶의 목표가 있다면 정액 적립식 ETF 투자는 당신의 가장 좋은 파트너가 되어줄 것이다.

유능한 편집기자로 인정을 받고 가장으로서 경제적 풍요를 일구는 것, 이 둘 사이에서 균형을 잡는 것이 내 생의 목표다. 하긴 누군들 그렇지 않겠는가? 절대 재테크에 매달리지 마라. 위험이 적고 수익을 낼 수 있는 시스템을 선택하라. 그리고 무엇보다, 지금 당장 시작하라!

CHAPTER_0

·

프롤로그

이런 젠장,
내 인생
최악의 날

"우리 잠시 떨어져 있자."

"헤어…… 지자는 거야, 지금?"

K의 얼굴이 시커멓다. 이틀 동안 전화, 문자 다 씹어놓고, 저 몰골은 뭔가? 게다가 기껏 사람 불러내서 한다는 말이 뭐? 떨어져 있자?

"아니, 헤어지자는 게 아니고, 우리 미래에 대해 생각을 좀 해보자고."

"생각 좋아하시네. 야, 솔직히 말해! 여자 생겼냐?"

"여, 여자는 무슨! 너 마음 아플까봐 말 안 했는데, 사실 집에서 반대하셔. 벌써 몇 달째 시달렸는지 몰라."

머그잔을 쥔 손이 부르르 떨린다. 뭐, 뭐시라고? 바, 반대?

"기막혀! 연애 2년간 아무 말 없다가 갑자기 웬 반대? 그게 말이 된다고 생각해? 아니, 내가 어디가 맘에 안 드신대? 오호라! 공시생 아들한테는 감지덕지한 여친이라고 고맙다고 난리시더니, 이제 아들이 귀한 공무원이 되니까 내가 여친으로 모자라시대?"

남친, 아니 이제 9급 공무원이 되신 지체 높은 양반께서 고개를 돌려 외면한다. 뭐, 뭐야? 그냥 해본 말인데 진짜인 거야? 대! 박! 완전 어이없다.

"내가 정곡을 찔렀나 보구나? 어? 왜 말을 못 해? 말해! 오늘 끝내려고 나온 거 아냐?"

"그런 거 아니야. 잠깐 시간을 갖고 생각해보자는 거잖아."

"그게 그거지. 사람 가지고 장난해, 지금? 나 죽는 꼴 보고 싶어서 이래?"

"네가 맘에 안 드시는 게 아니라니까! 같은 공무원 여자랑 결혼하래. 그게 안정적이라고. 어른들 생각이 다 그렇지 뭐."

"다 그렇지 뭐어? 다 그렇지 뭐어? 넌 뭐라고 했는데? 2년 연애한 여친 아무 이유도 없이 차버리라는 부모한테 넌 뭐라고 했냐고?"

"처음엔 나도 강하게 나갔지. 절대 못 헤어진다고. 근데 하도 시달리다 보니까……. 생각해보면 또 이유가 없는 것도 아니고……."

엥? 이건 무슨 개 풀 뜯어 먹는 소리? 눈물이 쏟아지려고 한다. 아랫입술을 꽉 깨문다.

"이, 이유가 없는 게 아니라면……. 뭐, 뭔가 이유가 있다는 거네?"

내 나이 스물여섯. 연애한 지 2년 넘었겠다, 남친이 시험도 붙었겠다, 올해나 내년 초에는 결혼하려고 했는데. 아아, 이게 대체 다 뭔가.

"왜 말을 못해? 이유가 없는 게 아니라며? 나 진짜 화나면 어떻게 되는지 알지? 다 뒤집어버리기 전에 빨리 말해!"

"그, 그게…… 나도 시험 합격만 하면 너 당당하게 책임질 수 있을 줄 알았어. 근데 몇 달 월급 받아보니까 점점 자신이 없어져. 달리 쥐꼬리 월급이라는 게 아니더라구. 물가는 무섭게 오르지, 애 키우는 데 100만 원씩 든다지. 어른들 말씀이 맞다는 생각이 자꾸 들고. 그, 그렇다고 진짜 헤어지자는 건 아니야. 잠깐만 시간을 갖고 생각을 해보……."

"시끄러워! 그게 헤어지자는 거지! 진짜 웃긴다. 지난 2년간 너 노량진에 틀어박혀 공부만 할 때, 내가 힘들게 회사 다니며 번 돈으로 데이트 비용 다 내고 했던 거 기억 안 나? 근데 이제 와서 헤어지자고? 내가 공무원이 아니라는 이유로? 참 나, 어이가 없어서."

양심은 있는지 K가 고개를 떨군다. 시험에 떨어질 때마다, 슬럼프가 올 때마다 모든 게 자신 없다고 하던 그 표정이다. 아, 저 표정을 풀어주려고 얼마나 애를 썼던가. 옛날엔 이루 말할 수 없이 마음 짠했는데 지금은 꼴도 보기 싫다. 망할 자식, 저것도 연기 아냐?

"쇼하고 있네. 야, 네가 사시에 붙었니 행시에 붙었니? 내가 진짜 창피해서 어디 가서 배신당했다고 말도 못하겠다. '배은망덕'이라는 말 시험 공부할 때 외웠지?"

"너 이러는 거 이해하는데, 흥분 가라앉히고 잠시 떨어져서 진지하게 생각 좀 해보자. 뭐가 우리를 위하는 길인지, 제발. 응?"

"됐어! 됐고! 너나 생각 많이 하셔. 너한테 투자한 시간이 아깝다. 다시는 나한테 연락하지 마. 나도 너 같은 비겁한 남자 필요 없으니까."

일어서려는데 가방이 의자에 걸려 휘청, 7센티 하이힐이 삐끗, 한다. 우당탕탕, 의자 넘어지는 무게에 밀려 나도 풀썩 주저앉았다. 이런 된장, 멜로영화처럼 멋지게 사라져주려 했는데 완전 시트콤 됐잖아. 아, 오늘 진짜 왜 이러니? 이대로 딱 지구에서 사라지고 싶다, 정말.

"괜찮아? 어디 다치지는 않았어?"

심장에 시침핀을 줄줄이 박아놓고, 다치지 않았냐고 묻는 거냐 지금? 됐거든? 주섬주섬 가방을 챙겨 커피숍 문을 나선다. 이를 악문다. 조금만 참아, 이은재! 울 거면 집에 가서 울어. 저딴 놈 때문에 길거리에서 울면 너 진짜 완전 병신 되는 거야.

아, 아프다. 아까는 창피해서 몰랐는데 무릎이 다 까졌다. 눈은 시뻘겋게 퉁퉁 붓고 무릎은 피투성이가 되어서는 이 몰골로 집까지 걸어오다니. 아는 사람이 보기라도 했으면 진짜 동네 창피해서 어쩔 뻔했니?

'나도 너 놓치기 싫어. 그런데 이대로 결혼하면 더 불행해질 것 같아서 그래. 정말 미안해.'

'옛날엔 와이프 능력 따지는 건 비겁하다고 생각했었는데, 나도 어쩔 수 없는 놈인가 보다.'

'잘 생각해볼게. 너도 그러길 바란다. 몸 아프지 말고 건강하게 지내고 있어라. 또 연락할게.'

커피숍을 나서자 K의 문자가 쏟아졌다. 다시 읽어도 화딱지 나네. 이건 뭐 헤어지자는 것도 아니고 계속 만나자는 것도 아니고. 나더러 대체 어쩌라는 거야? 아, 머리에 쥐나. 에이, 서연이 불러서 술이나 마셔야겠다.

"어머어머, 완전 웃긴다. 나쁜 새끼, 아침 드라마 찍고 앉아 있네. 그래서, 그걸 그냥 뒀어?"

"순간 머릿속이 하얘지면서 아무 생각도 안 나더라고. 풀 죽은 척하는 얼굴 보기도 싫고. 그래서 그냥 멋지게 나오려고 했는데 넘어지고, 아우 내가 진짜 민망해서……."

"어우, 대박! 지가 의사가 됐어, 변호사가 됐어? 꼬질꼬질한 거 2년이나 뒷바라지 해줬더니, 이제 와서 뭐가 어쩌고 어째? 야 야, 마셔 마셔! 이런 날 안 마시면 언제 마시냐? 와, 진짜 어이없다."

그래그래, 단박에 잔을 털어 넣는다. 으으, 소주야 너 오늘따라 왜 이렇게 쓰냐? 언니 마음을 아는 거냐? 오돌뼈를 오독오독 씹는다. 내 속 풀어주는 건 너밖에 없구나. K, 이 나쁜 자식. 너와의 추억도 이렇게 아작아작 다 씹어 삼켜줄 테닷!

"그래서 어떻게 할 거야? 그냥 이대로 헤어지는 거?"

"그게 있잖아……. 너한테만 말하는 건데, 나 사실 K가 조금 지겹기도 했거든? 연애한 지 2년 하고도 3개월인데 마냥 살 떨리게 좋았겠냐? 그래도 미운 정 고운 정 다 들었고, 시험도 붙었으니 이제 결혼할 일만 남았다 했는데……. 다이아 반지 들고 와서 청혼을 해도 모자랄 판에 어이없는 이별 통보라니. 나도 진짜 어떻게 해야 할지 모르겠다."

"야, 그런 놈 버려! 한 번 배신의 기미라도 있는 놈은 두 번 배신하는 거 일도 아니다, 너? 공무원이 안정적이고 좋은 직업이긴 하지만 월급도 적고, 이참에 더 좋은 남자 만날 기회라고 생각해. 딱이네! 그거네! 하늘이 도우셨네!"

"알아, 알아. 머리로는 다 아는데, 마음이 내 마음대로 안 돼. 서연아, 나 어쩌면 좋아. 길이 갑자기 끊어진 것 같은 기분이 들어. 절벽에 서 있는 것 같아. 나 어떻게 하지? 응?"

아, 진짜 왜 이러지? 안 울려고 했는데, 젠장. 한번 터진 울음이 걷잡을 수 없이 북받친다.

"나 어떡해……. K 바짓가랑이라도 붙들어야 할까? 아, 나 진짜 어떻게 해, 서연아……."

"울지 마, 이 기집애야! 지금은 죽을 것 같아도 시간이 약이야. 더 좋은 남자 만나 보란 듯이 잘 살면 되지! 울지 마! 울지 말라니까?"

입으로는 울지 말라면서 서연이 지도 눈물이 그렁그렁하다. 그런 친구를 보니 더 슬퍼진다. 아, 고맙다 친구야! 진짜 너밖에 없다. 우리의 우정을 위하여 건배! 원샷! 먹고 죽자!

어라라? 나도 모르는 사이 포장마차 탁자를 사이에 두고 서연이랑 둘이 껴안은 채 펑펑 울고 있다. 옆 테이블 사람들이 흘끔흘끔 쳐다본다. 음, 조금 창피하군. 아직 덜 취한 게지. 에라, 모르겠다. 될 대로 되라지. 야, 마셔 마셔! 원샷! 러브샷! 2단계? 오케이!

날 이렇게 비참하게 만들었다 이거지? 오늘의 수모를 잊지 않겠다, K!

"야, 야, 나 화장실 갔다 오께에! 너 꼼짝 말고 여기 기다리고 있어! 어디 가면 죽어어!"

서연이가 비틀비틀 일어선다. 어, 저 지지배 혼자 갈 수 있나? 여기 화장실이 좀 먼데……. 같이 가주고 싶은데 몸이 말을 듣지 않는다. 아, 어지러워. 테이블에 잠깐만 엎드려 있어야지. 아, 근데 목이 마르네? 물 마셔야지, 물!

"아줌마! 아줌마! 여기 물 좀 주세요? 예?"

"시끄러워! 오늘따라 왜 이리 많이 처먹고 울고불고 난리 부르스야? 딴 손님들 방해되게! 그만 마시고 들어가!"

"아, 아줌마 단골한테 진짜 너무하시네. 물 좀 달라니까요?"

"아, 바빠 죽겠는데 자꾸 이럴래? 단골이라면서 우리 원칙도 몰라? 저기 쓰여 있는 거 안 보여?”

"대체 뭐가 쓰여 있다는 거예요? 아이 씨, 속 울렁거리고 목마르고 죽겠는데 진짜!"

제대로 떠지지 않는 눈을 치뜨며 아줌마가 가리키는 벽을 바라본다. 뭐라고 쓰여 있는 거야?

빨갛다 못해 시뻘건 글자로 사람 얼굴만 하게 네 글자가 적혀 있다.

'물은 셀프!'

으아, 인생 진짜 쉽지 않구나! 쉽지 않아! 어쩜 공짜가 하나도 없니? 짱나, 진짜!

김 과장이라서
다행이야

　오늘 회사 커피숍 오전 타임인데 얼굴이 완전 엉망이네. 만약 상무님이나 대표님이 커피숍에 오시면 바로 시말서 감인데……. 어제 대체 얼마나 달린 거야? 집에는 어떻게 들어온 거지? 8시에 오픈했어야 했는데 벌써 8시 10분이다. 마음이 급해서인지 블라우스 단추도 잘 채워지지 않는다. 그래도 더 안 늦은 게 어디냐. 김 매니저 오기 전에 빨리 나가자!

　"아, 늦어서 죄송합니다! 바로 준비하겠습니다."

　"괜찮아요. 저도 방금 왔어요! 천천히 하세요."

　휴우, 까탈스런 손님이 아니어서 다행이다. 일주일에 두세 번 들러 아침을 먹는 시스템관리팀 김 과장이다. 나이는 30대 중반, 남자 후배들 열 명을 거느리고 일하는 팀장이란다. 그 부서는 여자가 버티기 어렵다고 하던데, 위아래 모두 평판이 좋은 것 같다. 오다 가다 잠깐씩 마주칠 때에도 꼭 말을 걸어주고 관심을 보여주는 걸 보면 친절이 타고난 사람인가 보다.

"보아하니 어제 좀 달렸군요? 이야, 역시 청춘이네요! 난 요새 다음 날이 두려워서 술도 잘 못 먹겠던데. 에효, 술이 두렵다니, 이제 진짜 늙었나 봐요."

배달된 샌드위치를 세팅하고 커피 머신을 예열하고 정신없이 일하고 있는데 그녀가 말을 건넨다.

"아, 예. 죄송해요. 보통 이렇게까지 달리지는 않는데, 어제는 좀 그랬어요. 한 번만 봐주세요, 과장님."

"죄송하긴요. 책망하는 거 아니었는데, 그렇게 들렸어요? 그냥 평소에 워낙 이쁘던 은재 씨가 오늘은 좀 푸석해 보여서 한 말이에요. 괜한 말 해서 미안해요."

"아니에요, 기다리시게 해서 제가 죄송하죠. 조금만 기다리시면 커피 다 될 거예요."

"요즘은 말 한마디가 조심스럽네요. 노처녀 히스테리라고 사람들이 욕할까 봐 진짜 혼내야 할 후배들한테도 그냥 넘어간다니까요. 호호!"

"무슨 말씀이세요. 김 과장님이 얼마나 친절하고 좋으신데요. 남자 후배들 가르칠 만큼 능력도 좋으시고, 스타일도 멋지시고. 저는 진짜 김 과장님처럼만 되면 소원이 없겠어요."

어라라! 술이 덜 깼나? 왜 푼수 같은 말이 막 나오지? 별로 그런 생각도 없었으면서.

"어머, 감사한 말씀! 칭찬으로 들을게요. 저도 은재 씨 얼마나 좋아하는데요. 항상 웃어주고, 싹싹하고, 커피도 맛있게 내려주고. 솔직히 다른 리셉션 언니들은 이거 가욋일이라고 생각하는지 좀 무뚝뚝하거든요. 헤헤, 여자 직원들한테만 그러시나?"

"저희 본업이 아니긴 하죠. 원래는 9시부터 6시까지 리셉셔니스트로 계약한 거니까요. 아침, 점심, 저녁에 한 시간씩 커피숍 근무하는 거, 싫어하는 언니들도 있어요."

"네, 이해해요. 그래도 프로젝트 마감이나 눈코 뜰 새 없이 바쁠 땐 사내에 커피숍 있는 게 얼마나 감사한데요."

"그렇게 생각해주시니 고마워요. 저는 이 일 좋아해요. 시간 외 수당도 받을 수 있고, 덕분에 벼락치기지만 커피 만드는 법도 배웠고요. 어차피 종일 회사에 있는데 하루에 한두 시간 더 일하고 돈 더 받으면 좋죠 뭐. 이렇게 직원들이랑 얘기할 기회도 있고요."

"역시 은재 씨, 멋져 멋져! 내가 그래서 은재 씨 근무 때마다 여기서 아침 먹는다니까?"

"하하, 감사합니다. 아, 예열 끝났어요. 이제 커피 내릴 수 있겠네요. 잠시만 기다리세요!"

에그포테이토 샌드위치와 아메리카노를 내민다. 김 과장이 늘

먹는 메뉴다.

"우아, 감동! '늘 먹던 걸로요!' 그렇게 말해보는 게 내 로망이었는데. 하하, 역시 은재 씨라니까. 여기 4000원이요. 고마워요, 잘 먹을게요."

"네, 맛있게 드시고 좋은 하루 되세요. 어서 오세요, 뭘로 드릴까요?"

아이고, 정신없어라. 그래도 오전 타임은 잘 넘어가서 다행이다. 서연이 이 지지배는 잘 들어갔나? 속 괜찮냐고 문자를 보낸다. 그 정신에 완전히 뻗은 나를 집까지 데려다주고 자기도 잘 들어갔댄다. 술병이 나서 결국 회사는 결근……. 미안하다 친구야. 차인 사람은 나인데, 네가 회사에 찍히게 생겼구나.

이게 다 K 때문이다. 나쁜 놈, 어쩜 연락도 없니. 정말 이렇게 헤어지자는 거야? 문자메시지함을 넘겨본다. 보관함의 문자 200개 중 188개가 K의 문자다. 사진 앨범에도, 지난 스케줄러에도, 통화 내역에도 온통 K의 흔적으로 가득하다. 정말 우리는 이대로 헤어지는 걸까? 이렇게 끝난다면 우리가 보낸 지난 2년 3개월은 뭐가 되나?

"어머, 은재 씨 괜찮아요?"

김 과장이 다 먹은 쟁반을 돌려주려다 멈칫한다. 이런 젠장, 술이 덜 깼나. 왜 눈물이 나는 거야? 회사에서 이게 무슨 꼴이람? 매일 아침마다 "우리는 회사의 얼굴입니다" 어쩌구 하는 김 매니저가 알면 난리가 날 게다.

"아, 아니에요. 괜찮아요. 거기 두고 가세요. 죄송해요."

"또, 또 죄송하단다! 왜요, 무슨 일 있었어요? 누가 괴롭혀요? 아, 이런 거 물어봐도 되나?"

"그게요, 김 과장님. 어제가 제 인생 최악의 날이었거든요. 아, 정말 죄송해요."

왈칵 울음이 터진다. 참아야 해! 눈을 크게 치켜뜨며 심호흡을 해본다. 벌써 8시 45분. 업무 준비를 해야 할 시간이다. 50분이 되면 김 매니저가 올 테고, 예의 그 '회사의 얼굴' 운운하는 지겨운 조회를 듣고, 임원들 출근 시간에 맞춰 인사와 엘리베이터 안내를 해야 한다. 지금 울면 안 돼. 정신 차려, 이은재!

"역시, 나한테 말하기 좀 그렇죠? 자, 얼른 눈물 닦아요. 오늘 일해야죠. 방긋방긋 웃고 친절한 은재 씨로 돌아와요! 그런 은재 씨가 얼마나 예쁜데요!"

울면서 고개를 끄덕인다. 자, 힘내자. 씩씩하게 일 잘하고 퇴근하고 울어도 늦지 않아! 황급히 화장을 고친다.

"저, 혹시 내가 도와줄 일이 있거든 연락해요. 자요, 여기 내 명함!"

옆에서 지그시 바라보던 김 과장이 명함을 내민다. 아, 고마워라. 뭐 연락할 일은 없겠지만 그래도 이렇게 챙겨주는 사람이 있으니까 위로가 된다. 오픈 늦었지, 질질 짜는 모습 보였지, 오늘 아침 손님이 다른 사람이었으면 어쩔 뻔했어!

아, 김 과장이라서 정말 다행이야.

백마 탄 왕자는 멸종했다, 1999년쯤?

"서래마을 알아요? 거기 맛있는 중식당이 있는데, 그리로 올래요?"

처음부터 김 과장에게 연락할 생각은 아니었다. 오며 가며 자주 보기는 했지만, 남친이랑 헤어졌네 어쨌네 시시콜콜 이야기할 사이는 아니니까. 그런데 하루가 가고 이틀이 가고 K와 헤어진 지 2주일이 지나자, 더 이상 하소연할 친구들도 없어졌다. 제일 만만한 서연이는 출간을 앞둔 동화책 마감이라 일주일간 꼼짝도 못한다고 했다.

K, 이 자식은 지독하게도 연락이 없다. 지구에서 사라져버린 거냐? 개념 찾으러 안드로메다로 이민이라도 간 거냐? 이게 그냥 밀당이든 진짜 이별의 전주곡이든 조금 더 두고 보자. 내가 먼저 연락하지 않으려면 무언가 딴짓을 열심히 해야 했다. 그때 왜 김 과장이

떠오른 걸까? 전화를 받은 김 과장은 흔쾌히 약속을 잡아주었다.

여기가 서울에서도 손꼽히는 부자 동네라던가. 지하철역에 내려 식당까지 걸어가는데 길가에 못 보던 외제차들이 즐비하다. 한참을 걸어 올라가 도착한 중식당은 외관이 럭셔리한 게 레스토랑 같다. 통유리에 금장 테두리를 두른 으리으리한 문으로 들어서자 종업원들이 깍듯하게 인사를 하며 한눈에도 고급스러워 보이는 원목 테이블로 안내해주었다.

'미안, 은재 씨. 지금 가고 있는데 5분쯤 늦을 것 같아요.'

김 과장에게서 문자가 왔다. 5분쯤이야. 종업원이 가져온 차를 마시며 메뉴를 넘겨본다. 헤엑? 가격이 장난 아니다. 이렇게 비싼 데서 얻어먹어도 되나. 내가 고민 상담을 하는 셈이니, 내가 사야 맞는 건데. 나도 맘만 먹으면 이런 데 와서 요리 한두 개쯤 못 먹겠냐마는, 괜히 주눅이 든다.

"아, 미안미안. 일찍 왔네요! 막 나오려는데 후배가 사고 친 거 발견하고 수습하느라! 에휴, 한 달에 한 번 일찍 나오는 것도 이렇게 어렵네요."

목이 타는지 차를 들이켠다. 아, 시스템관리부는 많이 바쁜가 보네. 하긴, 매일 6시 칼퇴근하는 우리와는 다르겠지. 철야도 밥 먹듯 한다고 하던데.

"야근도 자주 하신다면서요. 아침에도 일찍 나오시고. 많이 힘드시겠어요."

"다 힘들죠 뭐. 내가 사회생활을 12년 넘게 했거든요? 그러면서 깨달은 만고불변의 진리가 있으니 '주는 만큼 시킨다'는 거예요. 하하, 먹고살려면 그러려니 해야죠. 참, 여기는 이게 맛있어요. 우리 이거 먹어요. 맛있는 거 사주고 싶어서 일부러 여기까지 오라고 한 거니까."

그녀가 눈을 찡긋한다. 추천해준 코스 요리를 주문하고 이런저런 수다를 떨었다. 음식도 너무 맛있고, 분위기도 좋고, 이야기도 너무 즐겁다. 그래, 지금 이 순간을 즐기자. K 생각 따위 하지 않아!

"그쵸! 그쵸! 그 대리님은 진짜 상무님 같아요. 저 처음에 임원회의 진행하러 갔다가 깜짝 놀랐잖아요. 박 과장님이 대리님한테 '야, 그거 빨리 가져와!' 이래 가지고. 어머, 나이 드신 분한테 반말하시면 안 되는데, 이러면서요!"

"하하, 나도 나도! 난 처음에 클라이언트 고위 임원인 줄 알았어요. 모르는 남자가 거만하게 자리 지키고 인사도 안 한 채 앉아 있으니까. 알고 보니 신입사원이더라고. 아니, 어떻게 그럴 수가 있지? 신입으로 들어왔으면 그 회사 모든 사람이 자기 선배잖아. 그런데 왜 그렇게 거만해? 하하!"

"내가 열심히 알아본 결과, 백마 탄 왕자님은 2000년 밀레니엄 직전에 멸종한 게 맞는 것 같아요."

"네에? 좋은 남자 찾는 게 어렵다는 건 알겠는데, 왜 하필 2000년 이에요?"

"내가 2000년에 워킹홀리데이 끝내고 한국에 들어왔거든요. 그런데 그 뒤로 한 명도 못 만났어요!"

"푸하하하, 말 되네요! 역시 왕자님은 포기하고 혼자 외롭게 늙어가야 할까요?"

"난 아직 포기 안 했는데? 내가 공주가 아니란 걸 깨달았거든요. 꽃마차 태워줄 왕자님은 진작에 멸종했어도, 열심히 함께 일하고 아이 키우며 친구처럼 늙어갈 괜찮은 남자들은 많지 않을까? 아직까지 내 눈에 안 띄어서 그렇지."

"제 친구 중에는요, 연봉 5000만 원에 전문직이고, 서울에 자기 명의의 집 있고, 중형차 가진 남자 아니면 결혼 안 하겠다는 애도 있어요!"

"요즘 어린 친구들 중에 그런 분들 좀 있더군요. 자기는 그런 남자에 어울리는 조건을 가졌대요? 아님 김태희만큼 예뻐요? 흐흐."

"아뇨. 외모도 직장도 다 평범한데 그래요. 저도 처음엔 농담인 줄 알았는데 진짜더라고요."

"다행히 나랑 내 친구들은 주제 파악은 하고 있어요. 늙어서 그런가? 흐흐. 그런 잘난 오빠가 왜 우리를 만나겠어요? 예쁘고 어린 여자 만나지! 그러니까 우리 나이에는 열심히 돈이라도 벌어야 한다니까요."

"왜요, 과장님이 어때서요? 연봉도 외모도 빠지지 않으시잖아요!"

"그렇게 말 안 해도 오늘 저녁은 제가 삽니다! 말이라도 고마워요. 흑흑. 요즘 네티즌들이 내 나이까지 시집 못 간 여자들을 뭐라고 부르는지 알기나 해요?"

"뭐라고 부르는데요?"

"여자도 남자도 아닌, 늙어가는 생명체래요."

"푸하, 너무했다! 자기들도 늙어가면서!"

"아, 화나면 지는 거예요. 흐흐. 난 기필코 그 사람들보다 재미있게 늙어갈 테야!"

후식까지 맛있게 먹고 나서 잠시 주위를 둘러보았다. 잘사는 동네라는 선입견 탓인지 사람들이 죄다 세련되고 여유로워 보인다. 아, 나는 언제쯤 이런 데서 아무렇지 않게 약속을 잡아보나.

"무슨 생각해요?"

"예? 아니에요. 그냥, 여기가 너무 좋아서요. 난 언제쯤 이런 데 편하게 다니나 생각했어요."

"뭘 언제쯤이에요. 마음만 먹으면 맛있는 집 찾아다니며 언제든 즐겁게 지낼 수 있죠."

"에이, 김 과장님처럼 능력 있고 돈 많이 버는 분들이나 그렇죠. 저 같은 비정규직은 그렇게 못해요. 뭐 한두 번 정도야 못 올 것도 없겠지만, 이런 데 매일 다니다가는 거지꼴을 못 면한다고요. 하하."

"에이, 그렇게 생각하지 말아요. 평생 비정규직 할 것도 아니고, 은재 씨 자산 상태가 평생 그대로일 것도 아닌데……. 꿈을 크게 가져요. 은재 씨에겐 무엇보다 큰 자산, 젊음이 있잖아요."

"휴우, 젊음이라……. 오랜만에 들어보네요, 그 말. 김 과장님처럼 골드미스들은 모르시겠지만, 요즘은 젊음이 자산이라는 말 정말 믿기 어려운 시대예요."

"음, 무슨 말인지 이해는 가요. 88만 원 세대니, 청년 실업에 아르바이트 인생이니 하는 말들을 하니까. 하지만 그래도 나는 꿈을 꾸고 젊음을 투자해야 한다고 생각해요. 지금 못하면 앞으로도 영원히 못할 텐데, 한 번 사는 인생 그냥 포기할 순 없잖아요? 아, 은재 씨는 꿈이 뭐예요?"

K와 헤어지기 전, 그러니까 2주 전까지만 해도 나의 꿈은 K와의 결혼이었다. 직장 생활 2년 동안 나름 아껴서 1500만 원 저축도 했겠다, 내년 봄쯤이면 2000만 원 넘게 모아서 집에 손 벌리지 않고도 결혼할 수 있을 거라 생각했다. 어차피 아이가 생기면 이 일은 그만둬야 할 테니, 한 3년 정도 집에서 아이 키우고 살면 되겠다 생각했다. 요즘 맞벌이가 대세이긴 하지만 아이는 엄마가 키워야 잘 자란다고 하지 않는가. 뭐 아이가 좀 크면 그때 다시 일을 나갈 수도 있는 거고.

문득 가슴이 아려온다. 그래서 K가 헤어지자고 한 걸까? 하긴, 공무원 월급도 빤한데 아이까지 생기면 훨씬 더 쪼들리겠지? 아, 그동안 왜 이런 생각을 한 번도 안 해본 걸까? 아무리 그래도 그렇지, 나쁜 자식! 어떻게 우리 사이를 생각해보자는 말을 할 수가 있나. 눈물이 핑 돈다.

"에구, 내가 또 무슨 말을 잘못했나 보네. 우리 은재 씨 요즘 울보 됐구나? 무슨 일인지 말해봐요. 혹시 알아요? 내가 도움을 줄 수 있을지?"

결혼까지 생각했던 2년 넘게 사귄 남자친구와 헤어졌다고 말하려 했다. 내 인생의 목표가 그 남자와 결혼하는 거였는데, 며칠 전 산산히 부서져버렸다고. 회사도 이제 2년째라 내년에는 재계약이 안 될지도 모르는데, 길이 끊어진 것처럼 막막하다고 하려 했다. 김 과장이 안쓰러운 얼굴로 냅킨을 접어 건네준다. 그때 내 입에서 전혀 생각지도 않았던 말이 튀어나왔다.

"돈…… 벌고 싶어요. 아주 많이요. 돈이 많으면 좋겠어요. 저 사람들처럼 여유롭고 자신만만하게 살고 싶어요."

왼손은 거들 뿐!
재테크는
부업일 뿐!

"푸하하하하하하!"

김 과장이 숨 넘어가게 웃는다. 왜 웃는 거지? 멋쩍어서 눈물이 쏙 들어간다.

"아, 미안. 난 또 엄청나게 심각한 문제가 있는 줄 알고 잔뜩 긴장해 있었는데 생각지도 못한 답이 나와서. 난 회사에서 성희롱을 당했거나 어디가 심각하게 아프거나 한 줄 알았어요! 다행이네 정말!"

본의 아니게 걱정을 시켰군. 하긴 뻑하면 회사에서 우는 꼴을 보였으니 그렇게 생각할 만도 하지. 얼굴이 화끈거린다.

"음, 돈을 벌고 싶다 이거죠? 그것도 아주 많이? 돈 많으면 뭘 할 건데요?"

"할 거 진짜 많아요. 김 과장님처럼 옷도 비싼 거 입고, 좋은 차도 운전하고 싶고요. 맨날 눈팅만 했던 명품백도 사고, 피부 관리랑 전신 마사지도 받고, 이런 좋은 레스토랑도 다니고, 국내건 해외건 좋은 데 여행도 갈 거고요. 음, 또……."

엥? 내가 지금 무슨 말을 하고 있는 거지? 내가 불행한 건 K와의 이별 때문이 아니었던가. 그런데 갑자기 웬 돈 타령? 생각과는 달리 말이 속사포처럼 쏟아져 나온다. 김 과장은 눈을 반짝이며 내 이야기를 듣고 있다.

"아, 그리고 회사 재계약 될까 안 될까 마음 졸이는 일도 없을 거고요. 돈에 연연하지 않고, 내가 하고 싶은 일 하면서 살 수 있어요. 무엇보다도 결혼할 때 당당하게 절반 보태서 공동 명의로 내 집 마련도 하고요. 그러고도 돈이 남으면 카페를 하나 차려서……."

"하하하하, 물 좀 마셔요. 숨 넘어가겠어요. 은재 씨 말 들어보니 진짜 돈 많으면 좋긴 좋겠는데요? 덩달아 나까지 돈이 많으면 좋겠다 싶어지네요."

방금 말한 것들이 진짜 이루어지면 얼마나 좋을까. 뭐 꼭 불가능한 일들도 아니잖아. 돈이 많으면, 아니 몇억만 있어도 다 할 수 있는 것들인데. 에휴, 미쳤어! 몇억이 누구 집 애 이름이야?

"실례지만 은재 씨가 올해 몇 살이죠?"

"스물여섯이오."

"참 좋은 나이다. 난 스물여섯 때 뭐했더라? 선배들 따라다니며

술 먹느라 정신없었던 것 같은데. 아무튼 요즘 아가씨들은 참 똑똑해. 은재 씨도 출발이 아주 좋네요!"

"출발······ 이오? 좋다니, 무슨 말씀이신지······?"

"막연하게나마 재테크 동기를 가지고 있잖아요. 그것만으로도 3분의 1은 온 셈이에요. 정신 교육은 오늘 속성으로 끝낼 수 있겠어요."

재테크 동기? 정신 교육? 이건 다 뭔 소리다냐?

"은재 씨, 보통 20대 여자들의 자금 마련 목표가 뭔지 알아요?"

"글쎄요. 저도 그렇고 친구들도 그렇고, 직장 생활 시작하면 옷이며 구두며 가방이며 살 게 한두 가지가 아니잖아요. 뭐 그런 것들 사고 나면, 여행 가거나 차 살려고 돈 모으는 거 아닌가요?"

"그렇죠. 그리고 또 하나, 결혼 자금 마련. 사람에 따라 다르겠지만 2000~3000만 원 정도 모아서 시집가야겠다고 생각하는 친구들이 많더라고요. 뭐, 어렸을 때는 나 역시 그랬고요."

'저는 지금도 그래요'라고 대답하려다 그만뒀다. 다들 그렇게 사는 거 아닌가? 그런데 김 과장은 '그게 다가 아니다'라고 말하고 있었다.

"거기서 심리적인 자금 계획이 일단 멈춰버리기 때문에 재테크에 발전이 없는 거예요. 어느 정도 모으는 건 여자들이 훨씬 잘하지만 그 후에는 남자에 비해 독해지지 못하는 거죠. 물론 모든 여자가 다 그렇다기보다 사람에 따라 다르겠지만······."

일리 있는 지적이란 생각이 들었다. 나 역시 2000만 원 이후의 자금 계획은 전혀 없었으니까. 보험도 노후 준비도 모두 결혼 이후에 생각해볼 것들이었다.

"전세든 자가든 남자가 집을 해오고, 여자가 혼수를 해가는 걸 당연시하는 시대는 지났어요. 게다가 요즘 남자들 얼마나 똑똑한 데요. 90%가 맞벌이를 원하고 이 여자와 가정 경제를 어떻게 꾸려 갈지 다 계산해보고 결혼한다고요. 이제 20대 여자들의 재테크 목표도 새롭게 정립해야 하는 시대가 온 거죠. 혼수 자금 마련이 아닌, 더 큰 목표가 필요해요."

아, 그런 거였나. 사랑으로 결혼해서 남편이 벌어다 주는 돈으로 애 키우고 알뜰살뜰 살림하면 행복할 줄 알았는데. 처녀 때는 적당히 모으고 즐기다가, 결혼해서 허리띠 졸라매면 될 줄 알았는데. 김 과장의 말에 K가 겹쳐서 다시 마음이 아파온다. 잠시 생각해보 자던 게 이 말이었나? 오늘은 K에게 먼저 전화를 걸어볼까? 전화 걸어선 뭐라고 하나?

"역시 그렇죠? 전 지금까지 은행 적금으로만 돈을 모아왔어요. 5000만 원 이하는 안전하다고 하는데 왠지 저축은행도 꺼려지더라 고요. 금리가 3~4%밖에 안 되지만 허리띠 졸라매며 아끼면 되겠 지 했는데 영 신통찮네요. 역시 이제부터라도 재테크를 해야 하는 거죠? 그 왜 주식으로 열 배를 벌었다던가, 연립주택을 경매로 사 서 두 배 남기고 팔았다던가, 재개발하는 곳에 빌라를 사둔다던가 하는 것들이요."

"오, 노노노노! 그게 아니랍니다, 은재 씨."

응? 그게 아니라고? 나도 모르게 눈을 크게 떴다.

"네! 그거 아니에요. 절대 아니에요. 20대에 할 것들이 얼마나 많은데 복잡한 재테크에 시간을 쏟는단 말이에요?"

"아니 그럼, 재테크를 안 해도 된다는 말씀이세요?"

"아뇨, 재테크는 반드시 해야죠. 물가가 이렇게 무섭게 오르는데 금리는 쥐꼬리고, 은행 예·적금만으로는 실질적으로 마이너스잖아요. 위험부담을 최소화하면서 예·적금 이상의 수익을 낼 수 있는 방법을 찾아야죠!"

우아, 그런 게 있어? 돈 잃을 걱정은 거의 없고 지금보다 더 많이 불려준다는 얘기잖아! 완전 대박인데?

"진짜요? 그런 방법은 어떻게 배우는 건가요? 많이 어렵고 복잡하고 시간도 많이 들겠죠?"

"하하, 아니에요. 아까도 말했지만 20대에는 재테크에 쓸 시간이 없어요. 나 자신을 들여다보고 꿈을 향해 가기에도 너무 바쁜 시기니까. 그 대신 흐르는 시간에 재테크를 맡겨둘 수는 있죠!"

"네에? 흐르는 시간에 재테크를 맡긴다고요?"

"네! 〈슬램덩크〉에 나온 유명한 대사, '왼손은 거들 뿐!' 들어봤죠? 재테크는 어디까지나 부업일 뿐, 절대 재테크에 시간을 오래 쓰면 안 된답니다. 최소한의 노력과 최대한의 시간을 투입한다. 꼭 기억하세요."

무슨 소리인지 잘 모르겠다. 재테크가 부업이라니. 그럼 본업은 뭐란 말인가. 시간을 오래 쏟으면 안 된다고? 시간에 맡기라는 건 또 뭔 소리야?

"하하, 혼란스럽죠? 이해해요, 처음엔 나도 그랬으니까. 걱정 말고 천천히 배우면 돼요. 아무리 못해도 주 2회씩 한 달이면 'ETF 포트폴리오'에 익숙해질 거예요."

"하, 한 달이요? ETF? 그건 또 뭔가요?"

"워, 워……. 서두르지 말아요. 오늘은 늦었으니까, 이 정도로만 하고요. 내일 아침 커피숍 근무죠? 저 아침 먹으러 갈 테니 그때 마저 이야기하도록 해요. 오늘 내가 한 말들 곰곰이 생각해보시고요. 아, 본인의 현재 수입과 지출과 자산—예·적금, 카드 값 같은 거요—상태를 따져보면 더 좋겠네요. 자, 이제 슬슬 나갈까요?"

김 과장이 계산서를 들고 카운터로 간다. ETF가 뭐지? 처음 들어보는데? 무슨 단어의 약자인가? 포트폴리오라고 했나? 그건 디자이너들이 만드는 시안 같은 것 아닌가? 아, 다시 머리가 복잡해진다. 내 표정을 읽었는지 김 과장이 재미있다는 듯 쳐다본다. 이상하다. 조금 얼떨떨하지만 뭔가 득템한 느낌?

"자, 가실까요, 아가씨?"

어느새 계산을 마친 김 과장이 문을 열어주고 있다. "아, 잘 먹었습니다" 인사를 하고 중식당을 나선다. 꽤 오랜만인 것 같은 행복했던 저녁이 끝나간다. 내일은 무언가 새로운 인생이 펼쳐질 것 같은 느낌인걸!

나의 자산 다이어리,
왜 눈에서
땀이 나지?

집에 와서 김 과장이 시키는 대로 수입과 지출, 자산 내역을 적어보았다. 대학 때 쓰던 커다란 노트를 꺼내 적었는데, 몇 줄 되지 않았다. 이럴 줄 알았으면 그냥 다이어리에 쓸걸.

❶ 수입 150만 원(리셉셔니스트)+30만 원(커피숍 아르바이트 근무)
❷ 월평균 지출 70만 원+α
❸ 저축 월 80~100만 원
❹ 현재 총자산 1730만 원

너무 간단하게 적었나? 남들처럼 많이 버는 것도 아니고, 그렇다고 펑펑 쓰는 것도 아니니, 뭐 적을 게 있으려고. 그래도 이렇게 내 자산 현황을 정리해보는 건 처음이니 조금 더 자세하게 따져볼까?

스물여섯 이은재 자산 현황

❶ 수입 150만 원(리셉셔니스트)+30만 원(커피숍 아르바이트 근무)

❷ 월평균 지출 70만 원+α
- 교통비 6만 원(지하철 정기권, 지각이나 술자리 후 택시)
- 휴대전화비 4만 원(이거 커플 요금제인데, 흑흑!)
- 영어학원비 및 교재비 12만 원
- 점심 15만 원(5000원×25일, 가끔 언니들이랑 간식비)
- 부모님 용돈 10만 원
- 화장품 및 미용비 5만 원
- 데이트, 쇼핑, 취미, 경조사비 등 기타 20~25만 원

❸ 저축 월 80~100만 원
- 80만 원 적금 납입 후 남는 돈이 있으면 자유입출금 통장에 넣어둠

❹ 현재 자산 1730만 원
- 70만 원(자유입출금 통장)
- 160만 원(새로 든 80만 원짜리 은행 적금 두 달째)
- 1500만 원(은행권 정기예금, 저축은행은 왠지 두려워!)

아, 왜 눈에서 땀이 나지? 이게 고달픈 직장 생활을 2년 가까

이 해오고 있는 나의 현주소로군. 이 나이에 이것밖에 못 모았다니……. 생각보다 돈을 많이 쓰네. 데이트 비용 어쩌구에 나가는 20만 원이 넘는 돈은 다 어디다 쓴 거지? 그래도 나름 많이 저축한다고 생각했는데……. 하긴 2000만 원만 저축하면 결혼 비용으로 충분하다고 안일하게 생각했었지.

남자친구 취직 전에는 데이트 비용을 내가 더 많이 부담했기 때문에 80만 원 저축하기도 빠듯했다. 인터넷 보다 보면 3년에 5000만 원을 모았네, 5년에 1억을 모았네, 하는 무용담(?)도 많던데 난 대체 뭘 한 거야? 아니야, 그 사람들은 월급이 훨씬 많았을 거야.

그나저나 이걸 김 과장님한테 어떻게 보여주나? 쥐꼬리만 한 월급에 모아놓은 돈도 없다고 흉보면 어떻게 해? 에이, 괜한 소리를 해서 일을 크게 만들었잖아. 그때 돈 이야기는 왜 한 거야 대체? 평소에 돈 밝히는 애도 아니었잖아, 너. 그런데 왜 그런 말이 나왔을까?

그래, 이게 다 K 때문이다. 맞벌이, 안정적인 직업 운운하면서 시간을 갖자고 하니 내 머릿속이 돈으로 가득 찰 수밖에. 이 자식은 진짜 2주 넘게 문자 한 통이 없네. 벌써 딴 여자 만나서 시시덕거리고 있는 거 아니야?

'뭐하냐? 딴 여자 만나냐? 원하는 대로 헤어지니 속이 시원하냐?'

언제나처럼 칼퇴근하고 집에 있는지 금방 답신이 온다.

'그럴 리가 있냐? 이래저래 생각이 많다. 너는 잘 지내냐?'

'그럼! 회사랑 영어학원 열심히 다니고 재테크 공부도 한다, 요즘!'

'엥? 안 어울리게 웬 재테크냐. 너 숫자 나오면 머리 아파하잖아. 은행도 잘 안 가는 애가.'

'재테크로 부자 돼서 너보다 훨씬 멋진 놈 만나려고 그런다, 왜?'

'그러다 사기당한다, 너. 그냥 적금 넣어. 욕심이 화를 부른다.'

'신경 꺼. 헤어진 사이인데 뭔 상관? 누가 더 잘사는지 어디 두고 보자!'

'아직 헤어진 거 아니라는데도 자꾸 그런다. 건강 잘 챙기고 잘 지내라.'

'됐어. 너는 잘 지내든 말든, 건강하든 말든, 밥 잘 먹든 말든 난 모른다.'

괜히 문자를 보내가지고 마음만 더 심란해졌다. 아까 뽑아놓은 자산 현황에, K 생각에, 머리가 복잡하다. 한참을 뒤척이다 새벽 2시가 넘어서야 겨우 잠이 들었다.

"우아! 훌륭하네요! 은재 씨 대단하다!"

김 과장이 커피를 마시다 말고 눈을 동그랗게 뜬다. 엥? 진심이야? 정말 칭찬하는 거야?

"대단하긴요. 어제 이거 정리해보고 저 완전 절망했잖아요. 나름 많이 모은다고 생각했는데 계산해보니 얼마 안 되더라고요. 월급도 적고, 크게 사치하는 것도 아닌데 지출은 생각보다 훨씬 많고. 너무 답답해서 잠이 안 왔어요."

"아니에요. 이 정도면 아주 훌륭해요. 난 그 나이 때 저축액이 빵원이었어요, 크크. 월급도 은재 씨보다 더 적었고요. 물론 지금이랑 화폐가치가 다르긴 하지만, 더 적은 셈이었죠."

"정말요? 에이, 저 기운 내라고 거짓말하시는 거 아니에요?"

"아니에요! 대학 다니며 알바로 모은 돈 워킹 가서 탈탈 털어 다쓰고 겨우 턱걸이로 취업했을 때인걸요. 면접 볼 때 입고 갈 정장살 돈도 없어서 엄마한테 빌렸어요."

"그러셨구나! 그사이에 돈 많이 버셨나 봐요. 옷이랑 가방이랑 다 비싸 보여요."

"이거요? 괜찮은 브랜드인데 세일할 때 인터넷으로 3만 9000원주고 산 블라우스예요. 이 치마는 3년 전에 3만 얼만가 주고 산 거고요. 브랜드 로스 제품 파는 인터넷몰에서 저렴하게 사요."

헉, 저게 3만 9000원짜리라니……. 난 오늘 지난 백화점 세일 때 산 18만 원짜리 원피스 입고 왔는데. 구두도 동대문에서 산 거긴 하지만 15만 원 가까이 되고…….

"진짜요? 김 과장님은 상여 나올 때마다 백화점 매장에서 한 벌씩 뽑으실 것 같았는데……."

"하하. 지난번에 은재 씨가 나한테 그랬죠? 그랬다간 거지꼴을 못 면해요. 우리 여자들 옷이 얼마나 많이 필요한지 알잖아요. 그리고 제 나이가 되면 화장품도 엄청 고가랍니다, 안티에이징이니 주름 개선이니 좋은 성분들이 어찌나 비싸신지……."

그렇구나. 김 과장 같이 많이 버는 사람도 저런 옷을 입는구나. 겉으로 봐선 좋아 보이는데. 백화점 갈 때마다 세일 상품밖에 못 산다고 서글퍼하던 내가 부끄러워진다.

"아이고, 수다가 끝이 없네. 아무튼 은재 씨 아주 훌륭해요. 생각보다 훨씬 더 잘하고 있어요. ETF 코스를 당장 시작해도 되겠는걸요."

"저, 어제부터 계속 궁금했는데 그 ETF 코스라는 게 뭔가요? 너무 궁금해요."

"후후. 별거 아닌데 내가 너무 뜸을 들였죠? 은재 씨 자산 현황까지 파악이 됐으니 이제 알려줄게요. ETF란 Efficient, Twenties, First step의 약자예요."

"효율적인, 20대의, 첫걸음…… 쯤 되나요?"

"아이고, 똑똑한 것 좀 봐. 단박에 알아들으시네. 기억하기 좋으라고 제가 만든 말인데, 20대를 위한 가장 효과적이고 빠른 재테크 포트폴리오쯤 되죠. 말이 어렵다면 그냥 '효율적인 종잣돈 만들기' 정도로 기억해요. 은재 씨 오전 커피숍 근무 때마다 아침 먹으면서 하나씩 배우면 어떨까요?"

"와, 저야 좋죠! 너무너무 감사합니다. 그런데 이거 그냥 공짜로 배워도 되는 건가요? 저한테 왜 이렇게 잘해주세요?"

"어머, 공짜 아니에요! 세상에 공짜가 어딨어? 흐흐. 아침 사요. 아니면 여기 커피숍 아메리카노 한 잔. 그거면 돼요."

50

"네, 얼마든지요! 너무너무 고맙습니다, 김 과장님."

"고맙긴요, 늙은 언니랑 수다 떨어줘서 내가 고맙죠. 나 그럼 이만 가볼게요. 목요일 아침에 만나요."

이제 한 달간 매주 화 · 목요일 아침, ETF 포트폴리오를 배우게 된다. 그게 뭔지는 모르지만 내 인생의 중대한 터닝포인트가 될 것 같은 느낌이다. 이상하네. K가 헤어지자던 날 사라진 것 같던 길이 다시 보이는 것 같아. 그래, 남들 다 하는 재테크, 나도 한번 해보자. 그래서 여유롭고 매력적인 여자로 다시 태어나는 거야. K가 울고불고 매달릴 만큼 멋진 여자가 되자. 파이팅이다, 이은재!

·

CHAPTER 1

초보 코스

월 5만 원으로 ETF 투자 시작하기

은행 이자보다 높은 수익을 내면서
원금 손실의 위험을 최소화하는
포트폴리오 만들기!
우리의 재테크 공격수를 소개할게요.
바로 ETF예요!

나만의
저수지 통장을
개설하라

　아침에 일어나는 일이 늘 고역인 내가 오늘은 새벽 6시에 저절로 눈을 떴다. 명색이 'ETF 포트폴리오' 첫 수업인데 스승님께 차가운 샌드위치를 대접할 수는 없지. 아침이니 소화 잘 되라고 야채죽을 만들기로 했다. 반찬은 오징어젓갈이랑 오이김치 정도면 되겠지?

　"우아, 이거 진짜 나 주려고 만든 거예요? 완전 감동인데요?"

　"헤헤, 별거 아닌걸요. 첫 수업인데 재테크 스승님께 이 정도는 해야죠. 식기 전에 얼른 드세요. 퍼지면 맛없어요."

　"네, 잘 먹을게요! 은재 씨도 같이 먹어요. 우아! 진짜 맛있다. 안 그래도 어제 야근하고 잠을 못 자서 입 안이 꺼끌꺼끌했는데, 정말 고마워요!"

"야근까지 하시고 아침 일찍 나오신 거예요? 혹시 저 때문인가요?"

"아니에요. 제가 성격이 좀 그래요. 하기로 했으면 1초라도 빨리 시작하는 편이라서……. 시간은 돈보다 더 소중한 거니까요."

"너무 감사해요, 김 과장님. 마저 드시고 계세요. 커피 내려올게요. 아메리카노 맞죠?"

"네, 고맙습니다. 메인 요리에 후식까지 풀코스로 얻어먹네요."

평소보다 조금 진하게 아메리카노를 내린다. 밥 먹듯 야근을 하면서도 아침에 일찍 나와서 후배도 챙겨주는 그녀가 멋져 보인다. 나는 너무 편하게 살아온 걸까? 커피숍 저녁 근무할 때를 빼고는 6시 칼퇴근인 직업을 가졌으면서도 일주일에 세 번 영어학원 다니는 게 고작이니. 그것도 서연이랑 술 먹는다, K랑 데이트한다, 빠지는 날도 많았는데……. 이제 진짜 정신을 좀 차려야겠어.

"평소보다 진하게 내렸어요. 잠 깨시는 데 도움이 될까 해서요!"

"아침부터 폭풍감동하게 하네. 진짜 고마워요. 좋았어! 내가 인심 썼다. 바로 핵심 도구를 알려줄게요. 사실 처음 가르쳐줄 건 따로 있긴 하지만!"

핵심 도구? 이야, 드디어 배우는구나! 대체 뭘까? 미다스의 손이라도 갖게 되는 걸까? 기대! 기대!

"효율적인 투자를 위한 첫걸음은 '저수지 통장'을 만드는 거예요."

"저수지 통장요? 그게 뭔데요? 어떻게 만드는 건가요?"

"은재 씨, 지금은 적금이랑 정기예금, 자유입출식까지 은행에만 통장이 있죠? '저수지 통장'은 증권사에 가서 만들면 된답니다."

엥, 증권사? 에이, 뭔가 새로운 걸 가르쳐주나 보다 했더니만, 결국 주식 하란 소리였어?

"하하. 실망한 빛이 역력하네요? 이 유리가면 같은 여자! 이래서 은재 씨를 좋아해. 하하! 내가 주식 강매하는 영업사원처럼 보여요? 주식 하라는 거 아니니 안심해요."

"주식이 아니에요? 그럼 뭔가요?"

"음, 주식인지 아닌지가 중요한 게 아니고요. 지금 포트폴리오를 다시 짜는 거예요. 투자 방법을 다양하게 나눈달까? 그러기 위해서 꼭 필요한 통장이 '저수지 통장'이에요."

"저, 무식한 질문이라고 흉보셔도 할 수 없는데요. 포트폴리오가 뭔가요? 어제부터 그게 궁금했어요."

"아, 미안미안. 내가 진작 설명을 해줬어야 하는데. 부족한 선생이라서. 포트폴리오라는 건 저축할 수 있는 돈(은재 씨의 경우 80~100만 원)을 어떻게 관리할 것인가에 대한 계획표 같은 거예요. 학교 다닐 때 생활 계획표 짜봤죠? 그거랑 비슷하다고 보면 돼요. 이 시간에 뭐하고 이 시간에 뭐하고 하는 대신에, 이 돈은 어디에 이 돈은 또 어디에 하는 식으로 나눠서 관리하는 거죠."

"아하! 그렇게 말씀하시니까 들어본 것 같아요. 그럼 지금 제 생활 계획표로는 하루 종일 적금만 하고 있는 거네요?"

"하하. 비유가 딱이네! 그래서 그걸 다양하게 바꿔보려고 하는 거예요. 포트폴리오계의 가장 유명한 말이 있어요. 계란을 한 바구니에 담지 마라!"

"어, 그거 들어봤어요. 증권사 광고에 나왔던 말 아니에요? 그 뭐냐, 분산투자?"

"바로 그거예요! 일단 돈을 분산시킬 비율을 정한 다음, 지속적으로 관리하는 것이 투자의 기본이자 마지막이랍니다. 'ETF 포트폴리오'의 목적도 바로 그거고요."

"아, 그렇군요. 그럼 증권사 가서 '저수지 통장' 만들어주세요, 하면 되는 건가요?"

"하하! '저수지 통장'이라는 아이는 없다고 할걸요? 그건 별명이고, 진짜 이름은 CMA 계좌예요."

"CMA요? 그런데 왜 별명이 '저수지 통장'인가요?"

"음, 굿 퀘스천! 가뭄이나 홍수 때 저수지에 의지해서 물 관리를 하잖아요? 돈이 들어오고 나가고 하는 기본이 되는 통장이라 그렇게 부른답니다."

"아, 그렇군요. 그런데요 과장님, 왜 꼭 증권사에서 CMA 통장을 만들어야 하죠? 그냥 가지고 있는 은행 자유입출금 통장으로 관리해도 될 것 같은데요!"

"역시 핵심 질문! 자 여기를 봐요."

김 과장이 냅킨 위에 동그라미를 하나 그리더니 가운데 선을 쭉 그었다.

"일단 예 · 적금에 몰빵하고 있는 이 하나의 원을 이렇게 나눠줄 필요가 있기 때문이고요. 또 하나는 저수지에 고여 있는 동안에도 돈이 조금이나마 불어나게 하기 위해서예요."

"고여 있는 동안이라면, 통장에 넣어두기만 해도 돈이 불어난다고요?"

"네. 많지는 않지만 3% 정도 이자가 붙어요. 입출금은 자유롭고요. 은재 씨 포트폴리오 중에 70만 원이 그냥 자유입출금 통장에 있었죠? 그 돈을 CMA로 옮기는 거예요. 언제든 인출해 사용할 수 있는 건 똑같지만, 거기에 이자가 붙죠."

"그렇군요. 그럼 그 통장에 있는 돈은 가뭄 때 쓰는 거겠네요?"

"바로 그거죠! 언제나 돈이 홍수처럼 밀려든다면 참 좋겠지만, 후후, 대개는 가물기 마련이잖아요. 그럴 때 저수지 통장에서 돈을 빼서 사용하면 된답니다."

"아, 저수지 통장 참 좋은 것 같아요. 오늘 점심시간에 당장 가서 만들어야겠어요. 아무 증권사에나 가도 되는 거죠?"

"네. 아무 증권사에나 가도 되는데요. 오늘 바로 가지 말고 몇몇 증권사 홈페이지를 찾아보고 좋다고 판단되는 곳으로 가도록 해요. CMA가 뭔지, 금리는 어떻게 다른지 검색해보고요. 그 왜, 쇼핑할 때 최저 가격 검색해보고 제일 싼 데서 사죠? 그거랑 똑같은 거예요. 자연스럽게 공부가 될 거예요."

"아, 네. 그래야겠네요. 정말 감사해요, 과장님. 어머 벌써 9시가

다 되어가요. 가보셔야죠?"

"네, 오늘 아침 고마웠어요. CMA 공부 열심히 하고, 모레 아침에 만나요."

오늘의 과제 **CMA에 대해 공부하고 계좌를 개설하라!**

죽 만든다고 야채 썰어둔 게 남아서 간단히 야채볶음밥을 해먹고 컴퓨터 앞에 앉았다. 증권사 홈페이지들을 둘러보고 어느 곳에 CMA 계좌를 개설할지 결정해야지. CMA 연관 검색어에 '금리'라고 뜬다. 여기도 은행처럼 회사마다 금리가 다른가 보다.

아, 이게 아까 김 과장이 말하던 그 포트폴리오구나. 진짜 생활계획표처럼 각각의 투자 자산이 퍼센트로 나뉘어 있네. 내 재산도 이렇게 나눠서 관리해야 한다는 거지? 이런 건 아주 돈 많은 사람들이나 하는 건 줄 알았는데……. 일단 CMA가 뭔지 공부를 하고 나니 훨씬 안심이 된다. 자, 이제 내일은 증권사에 CMA 개설하러 가는 거다!

"아이고, 하루가 길구나. 은재야, 밥 먹자! 저기 시장 통에 김치찌개집 갈까? 우리 김치찌개 먹고 태양빌딩 옆에 생과일주스 마시러 가자!"

12시 땡 치자마자 함께 일하는 지숙 언니가 팔을 잡아끈다. 언니, 저는 오늘 중요한 일을 해야 한답니다.

"언니 미안해. 나 오늘 점심시간에 꼭 해야 할 일이 있어서."

"야, 무슨 일인데 밥도 안 먹고 하냐? 뭐 안 좋은 일이라도 있어?"

"아니, 그냥 어디 좀 다녀와야 하는데 많이 기다려야 할지도 몰라서 그래. 다른 언니들이랑 먹고 와. 나랑은 내일 먹자. 미안해!"

마음이 급하다. CMA 계좌를 개설하기로 한 증권사는 10분쯤 걸어가야 하는 거리에 있었다. 잰걸음으로 도착해보니 다행히 기다리는 사람은 많지 않다. 번호표를 뽑고 자리에 앉아 숨을 고른다. 새로 나온 펀드 포스터가 빽빽이 붙어 있다. CMA 계좌 안내 팸플릿도 있네! 어제 검색해본 게 맞는지 한번 읽어볼까?

드디어 내 차례! 창구 언니가 시키는 대로 통장 신청서를 쓰고 인터넷뱅킹까지 신청했다. 하나도 어렵지 않았다. 이건 뭐, 은행이랑 똑같구먼!

창구 언니가 통장을 내민다. 계좌 개설 선물이라고 치약도 하나 받았다. 크크, 이것이 나의 저수지 통장! 내 재산을 술술 불려줘. CMA 계좌 개설 완료! 임무 완수!

아 배고파. 빨리 밥 먹으러 가야겠다.

허 옵빠의 쓰리포인트 레슨

레슨 1. 묻지도 따지지도 말고 CMA 통장부터 만들어라

안녕하세요, 앞으로 챕터마다 재테크 정보들을 알려드릴 허서윤입니다. 일종의 재테크 과외 선생님인 셈이죠. 그냥 편하게 '허 옵빠'라고 불러주세요! 잊을 만하면 나타나서 피가 되고 살이 되는 레슨을 해드릴게요.

1. CMA는 무슨 뜻이고, 어떤 통장인가요?

월급쟁이 재테크는 CMA 통장에서 시작된다고 해도 과언이 아닙니다. 그렇다면 CMA란 무엇이냐? CMA는 Cash Management Account, 즉 종합자산관리계좌의 약자랍니다. 증권사나 종합금융회사(줄여서 종금사라고 하죠)에서 은행 통장을 만들듯이 쉽게 가입할 수 있지요.

고객이 맡긴 돈을 기업어음(CP)이나 양도성 예금증서(CD), 환매조건부채권(RP), 국공채 등과 같은 단기 상품에 투자해 그 수익을 다시 돌려주는 상품입니다. 그래서 은행 자유입출금 통장보다 금리가 높은 거죠.

2. CMA가 좋은 세 가지 이유

첫째, 현금지급기나 인터넷 뱅킹을 통해 자유롭게 입출금할 수 있고 계좌 이체도 가능하며, 통장에 따라 공과금 납입이 되는 경우도 있지요. 한마디로 월급 통장 기능을 완벽하게 대체할 수 있습니다. 둘째, 단 하루만 맡겨도 연 3~4% 정도의 이자 수익이 생깁니다. 통장으로 들어온 월급이 여기저기로 빠져나갈 때까지 입금된 돈에 대해 높은 이자를 받을 수 있으니 일석이조! 은행 보통예금 통장의 이자가 대략 0.2%에 불과하니 CMA의 금리가 얼마나 높은지 아시겠죠? 요즘은 은행들도 3%대 금리를 주는 입출금 통장을 내놓고 있으니 활용해볼 만합니다.

셋째, 체크카드를 만들어서 아무 때나 편리하게 사용할 수 있고, 놀이공원이나 음식점 같은 곳에서도 신용카드처럼 할인 혜택도 받을 수 있죠. 게다가 종금사 CMA의 경우에는 5000만 원까지 예금자 보호가 되기 때문에 안심하고 맡길 수 있습니다.

3. 주식·펀드 투자의 첫걸음

CMA 통장을 만들면 따로 주식 계좌를 만들지 않아도 주식이나 채권 펀드에 투자할 수 있습니다. 적립식 펀드에 투자하고 싶다면 적금처럼 매월 일정액을 자동으로 빠져나가게 신청만 하면 되죠. 이렇게 적립식 펀드에 들거나 월급 통장으로 설정하면 타행 간 이체 수수료가 면제되며, 은행 영업시간 외 현금 인출기 수수료를 내지 않아도 됩니다.

CMA 통장은 투자 대상에 따라 RP형, 종금형, MMF형 등으로 종류가 다양합니다. 따라서 그 장단점을 미리 파악해놓으면 본인에게 꼭 맞는 상품을 고르는 데 도움이 될 겁니다.

PLUS TIP! CMA 통장 100% 활용하기

월급 통장을 CMA로 만드는 것만큼 중요한 것이 바로 어떻게 사용하느냐입니다. 보통 월급을 받으면 일주일 안에 카드대금과 공과금 등이 빠져나가 버리죠? 그러면 남은 돈이 얼마 되지 않아 이자가 거의 붙지 않게 됩니다. 따라서 결제일을 가급적 월급날 5일 전쯤으로 지정해놓으면 조금이라도 더 이자를 받을 수 있습니다.

최근에는 한시적으로 증권사 거래 실적에 따라 일정 한도 내에서 최고 9%의 금리를 주는 CMA 상품도 나오고 있습니다. 펀드나 채권, ELS 상품에 일정 금액 이상 투자를 해야 하기 때문에 새내기 직장인이 요건을 갖추기는 힘들겠지만, 나중에 혹시 종잣돈을 모아서 좀 더 공격적인 투자를 하게 될 때 이런 상품이 출시된다면 한번 가입해볼 만합니다.

나의 꿈을 위하여!
공격 통장과
수비 통장

"축하해요. 드디어 첫발을 내디뎠네요."

커피 기계를 예열하고 CMA 통장을 넘겨보고 있는데 어느새 김 과장이 와서 웃고 있다.

"어서 오세요, 과장님. 그런데 정말 이상해요. 그저 통장 하나 만든 것뿐인데 왠지 든든한 거 있죠. '저수지 통장'이라는 별명 때문에 그런가. 가뭄도 홍수도 잘 대비할 수 있을 것 같은 느낌이 들어요."

"그래요? 저는 그 아이를 '꿈통장'이라고 부른답니다."

"꿈통장이요?"

"네. 월급을 차곡차곡 불려서 내가 원하는 인생을 살 수 있도록 도와주는 통장이기 때문이죠."

"내가 원하는 인생이라면……."

"나의 목표는 경제적 자립! 회사를 다니지 않고 내가 원하는 일을 하며 살 수 있는 자유예요. 사람마다 꿈은 다르겠죠. 하지만 어떤 꿈이든 돈은 반드시 필요하잖아요. 그 목표를 이루기 위해서 이 아이는 '공격'을 하러 갈 거예요! '꿈통장'은 공격수랍니다. 엄밀히 말하면 CMA가 공격하는 건 아니니까 미드필더쯤 되려나? 흐흐."

공격수? 아니 통장이 어떻게 공격을 한다는 거야?

"하하, 공격수라는 말 왠지 웃긴데요? 그럼 수비수도 있겠네요?"

"오, 똑똑한 제자님! 은행에 넣어둔 정기예금, 그게 수비용이라고 할 수 있겠네요."

"어? 은행에 있는 돈 다 찾아서 CMA로 옮기는 거 아니에요?"

"아이쿠, 이 몰빵녀 좀 보소! 설명해줄 테니까 잘 들어요. 음, 축구로 비유해볼게요. 박지성 선수에게 득점 찬스는 수십 번 올 수도 있지만 두세 번만 잡으면 충분하죠. 하지만 공격에만 치중해 상대에게 찬스를 허용하면, 바로 실점! 그랬다간 경기에 질 확률이 높아요. 박지성 선수가 수비할 때 얼마나 끈질기게 상대 선수에게 따라붙는지 봤죠? 이기려면 공격만큼 수비도 중요해요."

이기려면 공격만큼 수비도 중요하다? 김 과장이 내 속마음을 들기라도 한 것처럼 고개를 끄덕인다.

"쉽게 말해서, 언제 갑자기 돈 쓸 일이 생길지 모르잖아요. 당장 두 달 뒤에 결혼을 하게 될 수도 있는 거고, 갑자기 큰돈 들어갈 일이 생길 수도 있고. 그럼 아무리 좋은 상품에 가입했더라도 돈을 묻어둘 수가 없잖아요. 그래서 공격적으로 투자하되 수비수 통장은 꼭 준비해둬야 한답니다. 원금 손해날 일 없고 언제든 찾을 수 있는 정기예금 통장처럼 말이죠."

"아, 무슨 말인지 알겠어요. 수비 전략을 짠 뒤에 공격에 들어간다는 거죠? 그럼 자유입출식 통장에 있는 70만 원만 CMA로 옮기면 되나요?"

"음, 두 달 부은 적금도 해지하고 옮기는 게 좋겠어요. 금리도 낮고 두 달밖에 안 되어서 중도해지하기에도 부담이 없으니까요. 수비수에서 공격수로 전환한달까?"

"수비수에서 공격수로⋯⋯. 알겠어요. 우아, 그럼 CMA 통장에 230만 원이나 넣게 되네요!"

"그러네요. 어차피 저수지 통장이니까 일부 예비 자금을 빼고는 오래 넣어두지는 않을 거예요."

"그럼 걔네는 어디로 가나요?"

"공격하러 가죠! 하하하."

공격하러? 어디로?

"자금 계획부터 따져봅시다. 은재 씨 향후 몇 년간 목돈 쓸 일이 무엇무엇이 있을까요?"

결혼⋯⋯ 밖에는 생각나지 않는다. 젠장, K 생각이 또 나버렸다. 당장 생각나는 목표가 결혼뿐이라니. 내 인생이 어쩌다 이렇게 되

어버렸지? 철없던 스무 살에는 서른에 유학 가겠다는 호기로운 꿈도 있었는데…….

"글쎄요. 부모님 수입도 안정적이고, 유학 계획도 없고. 결혼 정도밖에 안 떠오르는데요?"

"오케이, 좋아요. 그렇다면 만일의 경우 1500만 원으로 해결할 수 있도록 최대한 노력한다고 생각하고 공격적 투자를 늘려보는 게 어때요?"

"조금 겁나요, 과장님. 증권사 상품은 잘 모르지만 손해를 볼 수도 있는 거 아닌가요?"

"맞아요. 손실 가능성이 있죠. 수익을 내려면 위험을 감수해야 하니까요. 은재 씨가 작은 손실에 연연해서 잠도 못 자는 스타일이라면 투자하지 않는 게 나을 수도 있어요. 하지만 은행 예·적금만으로 만족할 수 없고, 하루빨리 목돈을 쥐고 싶다면 충분히 해볼 만한 투자라고 생각해요. 종잣돈을 빨리 만들수록 재테크 성공 가능성이 높아지니까요."

"음, 생각해볼게요. 그럼 지금 적금 들고 있는 80만 원을 모두 공격에 쓰는 건가요?"

"꼭 다 쓸 필요는 없지만 금액이 클수록 수익이 날 경우 열매도 커지겠죠. 아주 중요한 문제니까 잘 생각해보세요. 가장 중요하게 생각해봐야 할 건 이거예요. 3년에서 최장 5년까지 그 돈을 묻어둘 수 있을지."

"헤? 3년에서 5년이나요? 1년만 부어도 960만 원이나 되는데요?"

"3년이면 2880만 원, 5년이면 원금만 4800만 원이나 되네요. 처음부터 다 넣을 필요는 없으니 공부하면서 차차 불입 금액을 늘려가기로 해요. 시작은 5만 원부터 어때요?"

"헤헤, 5만 원이면 1년 꼬박 넣어도 60만 원이니까 조금 마음 편히 할 수 있겠어요."

"그래요, 그럼. 일단 오늘은 서점에 가서 '통장'에 관련된 책들을 훑어보세요. 요즘 '통장 쪼개기'가 유행인데 전문가들이 왜 그렇게 하라고 하는지를요."

통장 쪼개기? 나처럼 공격형과 수비형으로 나누는 건가?

"네. 나 같은 경우 CMA 통장을 여러 개 만들어서 저수지 통장과 체크카드용 소비 통장, 그리고 공격 전용 투자 통장으로 나눠놓고 쓰거든요. 그러니까 책들을 참고해서 은재 씨 스타일로 구성해보세요."

"알겠어요, 과장님. 오늘도 많이 배웠네요. 일단 5만 원 공격부터 해볼게요!"

"아, 공격하는 건 좋은데, 그 전에 골키퍼를 뽑아야 해요."

"네? 골키퍼요?"

"공격수, 수비수 다 있으니까 당근 골키퍼도 있어야죠. 저번에 보니까 은재 씨 보험 하나도 안 들었던데요?"

"아, 보험이요! 여기저기서 가입하라고 연락은 많이 오는데, 별로 아픈 데도 없고 나이도 젊은데 굳이 지금 들어야 하나 싶어서요. 10~20만 원씩 넣기에는 여윳돈이 없기도 했고요."

"그렇게 많이 안 넣어도 되니 걱정 말아요. 골키퍼는 딱 한 사람이잖아요. 다음에는 골키퍼 얘기를 좀 해야겠네? 그럼 오늘 숙제 '통장 쪼개기' 공부, 잊지 말아요!"

오늘의 과제 **통장 쪼개기를 공부하라**

통장은 적금이랑 정기예금, 주택 청약, 뭐 이런 게 다인 줄 알았는데, 정말 많구나.

오늘의 숙제를 하기 위해 퇴근하고 근처 서점에 들렀다. 통장 관련 책들만 해도 얼추 10권이 넘었다. 책들마다 논리는 달랐지만 몇 개로 나누라는 말들은 공통적으로 하고 있었다. 저녁 먹는 것도 잊어버리고 이 책 저 책 읽느라 꼬박 두 시간을 보냈다. 가장 내용이 풍부한 책을 사서 서점을 나섰다. 아, 얼른 가서 라면 하나 끓여 먹고 이 책 보다가 자야지!

허 옵빠의 쓰리포인트 레슨

레슨 2. 재테크의 출발 '통장 쪼개기'

오늘은 재테크의 첫 출발에 대해서 이야기해보겠습니다. 재테크란 뭘까요? 주식이나 부동산에 투자해서 돈을 많이 버는 거라는 대답이 제일 많겠죠? 맞습니다. 재테크는 궁극적으로 돈을 버는 일이라고 할 수 있습니다. 하지만 명심해야 할 것이 있어요. 사업을 하거나 전업 투자자가 아닌 이상 월급 받는 직장인이라면 돈은 회사에서 버는 거고, 재테크는 '관리'일 뿐이라는 거죠.

본업에 지장을 주지 않도록 돈을 관리하는 효과적인 시스템을 만드는 것, 이것이 재테크의 핵심입니다. 일단 시스템만 구축해놓으면 그 다음부터는 저절로 굴러갈 테니까요. 효과적으로 지출을 관리하고 최대한 안정적으로 플러스알파 수익을 달성할 수 있는 시스템을 만드는 것이 이 책의 목적이랍니다.

1. 재테크의 시작은 지출 관리: 4개의 통장을 만들자

월급님이 로그인하면 카드사와 이동통신사가 은행에서 '퍼가요!' 하면서 바로 로그아웃 시켜버리죠? 월급날이면 통장에 돈이 들어오자마자 쏜살같이 빠져나갑니다. 조금 남은 돈도 경조사다 뭐다 현금으로 빼서 쓰고 나면 남는 게 없죠. 아, 대한민국 월급쟁이의 비애!

초보 직장인이라면 월급도 많지 않고 혼자서 쓰기 때문에 그리 복잡할 건 없을 겁니다. 하지만 처음부터 지출 목적별로 분류해 통장을 따로 관리하는 습관을 길러두는 게 좋아요. 그래야 나중에 수입이 많아지고(아싸!) 돈 쓰는 규모가 커져도 무리 없이 감당해낼 수 있을 테니까요.

통장은 '급여 통장' '생활비 통장' '비상금 통장' 그리고 '투자 통장'으로 용도에 따라 나누고 각각의 이름에 맞는 임무를 주는 겁니다. 급여 통장은 말 그대로 급여가 들어오는 통장으로, 공과금, 보장성 보험료 등 매달 일정하게 발생하는 고정지출이 빠져나가도록 합니다. 그리고 한 달 동안 쓸 용돈은 생활비 통장으로 이체시켜 한도 내에서 쓰는 습관을 기르는 거죠. 이때 지름신의 강림을 막기 위해 신용카드 대신 체크카드를 쓰는 게 좋습니다.

비상금 통장에는 예상치 못한 일로 많은 지출을 해야 할 때를 대비해 자금을 준비해놓습니다. 여행 경비라든가 부모님 환갑 같은 경조사비, 혹시나 모를 병원비 같은 것들이요. 이 통장에는 대략 석 달 치 생활비 정도를 넣어두고, 예비 자금을 지출한 뒤에는 바로 채워놓는 습관을 들이세요.

투자 통장은 적금, 펀드, 변액연금 등 금융 상품에 자동이체하기 위해 만드는 통장입니다. 모든 금융 상품의 자동이체일은 같은 날로 지정하고 자동이체가 끝나면 투자 통장의 잔액을 0원으로 유지합니다. 특히 변액연금보험 등 저축성 보험은 2회 이상 미납하면 실효가 되기 때문에 항상 잔액 유지에 신경을 써야 합니다.

2. 투자금액 쪼개기가 재테크 성패를 가른다

4개의 통장을 잘 쪼개셨다면 재테크 성패를 좌우하는 투자 통장 관리 방법에 대해서 알아보겠습니다. 자기 자산의 투자 수익률을 결정하는 데 있어 무엇이 가장 결정적인 역할을 할까요? 급등 주식이나 재건축 아파트를 잘 골라서 뺑튀기를 하는 거라고요? 그렇죠. 그런 것을 그렇게 쉽게 고를 수 있는 눈이 있다면 이 책을 읽지 않아도 됩니다.

그런데 보통 사람들이라면 어떤 주식을 선택하느냐는 수익률을 결정하는 데 많아봐야 6% 정도밖에 영향을 미치지 못한답니다. 그럼 뭐가 중요하냐? 바로 어떻게 나눠 담느냐가 핵심입니다. 즉 주식과 채권, 부동산 등 각각의 투자자산에 얼마씩 투자할 것인지 배분하는 순간 수익률의 90~92% 정도가 결정된다는 것이죠. 제가 초지일관 강조하다시피, 재테크에 성공하려면 포트폴리오를 잘 짜고 이 시스템을 유지·관리하는 것이 가장 중요합니다. 이것을 조금 유식한 말로 하면 '자산 배분 전략'이라고 합니다.

3. 내 투자 시스템, 6개월에 한 번씩 점검하라

그렇다면 주식과 채권(예금)에 각각 얼마씩 넣어야 할까요?

100-나이=주식 비중

이것이 절대적 진리라고는 말할 수 없겠지만 많은 전문가들이 추천하는 투자 비율 공식입니다.

만약 25세라면 '100-25=75', 즉 금융자산의 75%는 주식이나 주식형 펀드를 보유하는 게 좋다는 거죠. 그리고 6개월 정도마다 한 번씩 자산 현황을 살펴보고, 만약 주식이 올라 전체 주식 비중이 80% 정도로 늘었다면 5%에 해당하는 주식을 팔고, 그만큼 채권(어렵다면 예·적금이라고 생각하세요)에 투자해 다시 75% 비중을 유지하는 겁니다.

다시 6개월이 지난 뒤에 살펴봤을 때 이번엔 주가가 떨어져서 65%로 비중이 줄었다면, 채권을 팔고(예금을 찾아서) 주식을 사서 또다시 75% 비중을 만듭니다. 그러면 주식이 올랐을 때 팔고 떨어지면 사게 되기 때문에 꾸준한 수익을 낼 수 있게 되지요.

재테크 골키퍼, 보험은 하나면 충분해

"굿모닝, 은재 씨. 오늘은 아메리카노 말고 카페라떼로 부탁드려요."

"네, 스승님! 오늘따라 기분이 좋아 보이시네요? 어? 피부도 왠지 더 뽀송뽀송해 보여요."

"하하, 그래요? 기분이 아주 좋아요. 아침에 건강검진 결과를 받았는데 '정상'이라고 나와서요."

엥? 그게 뭐가 좋은 일이야. 당연한 거 아닌가?

"축하드려요. 그런데 그게 그렇게 기분 좋으세요?"

"아, 젊디젊은 그대는 몰라요. 매년 검진할 때마다 얼마나 긴장된다고요. 건강이 최고의 자산이라는 말 있죠? 한 살 먹을 때마다 그 말의 무게가 한 10킬로씩은 더 무거워지는 것 같다고요!"

"하하. 그래서 아메리카노 말고 카페라떼를 드시는 거예요? 건강에 좋으라고?"

"앗, 나의 얄팍한 속셈을 다 알아버렸구나? 후후, 오늘만 마셔보려고요. 빈속이기도 하고. 그런데 은재 씨도 기분이 좋아 보이네요?"

"네. 저도 좋아요. 어제 점심시간에 적금을 해지하고 CMA 계좌로 이체시켰거든요? 70만 원에 160만 원 더해서, 저수지 통장에 230만 원이 찬 거예요. 그런데 제가 통장 관련 책을 읽어보니 저수지 통장에는 예비비로 급여의 1.5배를 넣어두라는 말이 있던데, 제 급여랑 딱 맞아떨어지더라고요. 일부러 그렇게 계산한 것처럼요! 왠지 기분 좋았어요! 호호."

"우아, 진짜 그러네요! 잘했어요. 수비용 통장에는 정기예금이 잘 들어가 있고, 예비비 통장도 채워놓았으니, 이제 진짜 골키퍼를 기용하도록 합시다."

"보험 말이죠? 지난번에 말씀하셨잖아요. 그런데 왜 보험이 골키퍼인 거죠?"

"아무리 착실히 모아봤자 사고가 나거나 아프면 그 돈이 몽땅 들어가 버리잖아요? 그런 최악의 상황에 대비하기 위해서 보험이 꼭 필요한 거랍니다."

"사실 저도 보험이 하나도 없는 게 마음에 걸리긴 했어요. 그런데 보험은 너무 종류도 많고 복잡하고 고르기가 어렵던데요. 암보험,

종신보험, 연금보험, 변액 어쩌고 하는 것까지 엄청 많잖아요.”

“보험은 골키퍼니까 너무 많을 필요는 없어요. 보통 급여의 10%를 넘지 않는 것이 좋다고 해요. 은재 씨 연봉을 생각하면 딱 하나만 들면 되겠네요.”

“딱 하나만요? 부족하지 않을까요? 들려면 두세 개는 들어야 하지 않아요?”

“물론 많으면 좋겠지만 그건 연봉이 더 오른 뒤로 미루고, 지금은 딱 하나만 준비해요. 복잡하게 생각할 것도 없답니다. 가장 먼저 들어야 할 1순위가 있으니까요!”

1순위? 그게 뭐지?

“그게 뭐냐면요……”

뭘까? 김 과장 입을 뚫어져라 쳐다본다.

“일단 나 카페라떼 먼저 주면 가르쳐주죠!”

“아, 네! 제가 깜빡했어요. 잠시만 기다리세요!”

커피를 내리고 우유를 데운다. 아침이니까 우유를 많이 넣고 연하게 타봐야지. 잠이 안 깬다고 싫어하시려나?

“음, 맛있다! 오랜만에 먹는 카페라떼도 좋네요! 가장 먼저 들어야 할 보험은 의료실비보험이에요!”

의료실비? 들어본 것 같기도 하고…….

“은재 씨가 상해나 질병으로 사용한 실제 비용을 보상해주는 보험이에요. 아까 보험의 역할은 골키퍼랬죠? 크게 돈 들어갈 위급

한 상황에 이운재처럼 잘 막아주는 고마운 녀석이죠. 아, 은재 씨한텐 정성룡이 더 친숙하려나? 호호."

"다치거나 병에 걸렸을 때 치료비가 나오는 거군요? 얼마나 나오는 건가요?"

"보통 90% 정도까지는 보상해준다고 해요. 예전엔 100% 보상이었는데 얼마 전에 줄었죠. 그래서 보험은 한 살이라도 젊었을 때 드는 게 유리하다고 하는 거예요. 보험료는 계속 오르고 보장 내역도 줄어들기 마련이니까. 그렇다고 이 보험 저 보험 다 들 수는 없으니 순서를 정해놓고 차례차례 들자는 거죠."

"와! 90%나요? 그렇게 많이 보상해주면 보험료가 엄청 비싸지 않나요? 제 월급의 10%로는 턱도 없을 것 같은데요?"

"보험료가 적으면 적을수록 좋겠지만 보장 내역이 부실할 수도 있으니 3~4만 원 선에서 계약하는 게 좋겠어요."

3~4만 원이면 그렇게 비싸지 않네. 보험은 다 10만 원 넘는 줄 알았는데…….

"자, 그러면 오늘의 과제가 뭔지 아시겠죠?"

"네! 의료실비보험에 대해서 공부하라!"

"진짜 똑똑하다니까! 팁을 좀 드리자면, 의료실비보험은 'ㅇㅇ생명' 이런 데가 아니고 'ㅇㅇ화재'라는 회사에서 들어요. 생명보험사가 아닌 손해보험사들이죠. 재테크 인터넷 카페 같은 곳에서 평이 좋은 보험사를 두세 개 찾은 다음, 홈페이지에 견적 의뢰를 해보세요. 요즘엔 보험 비교 사이트도 많으니까 견적 비교하긴 쉬울 거예요. 나이랑 보장 내역 등을 입력하면 돼요. 아니면 설계사를 직접 만나보는 것도 좋겠지요. 보험료가 너무 높아지지 않게 설계하는 것 잊지 말고요!"

오옷! 오늘 과제는 좀 어렵겠는걸? 다이어리에 '○○화재, 견적 의뢰, 보험료 3~4만 원'이라고 메모했다.

"오늘도 좋은 정보 고맙습니다, 과장님! 골키퍼까지 완성하고 나면 더 든든할 것 같아요!"

"그럴 거예요. 이제 본 게임이 시작되겠네요. 보험 꼼꼼히 살펴보고 잘 들도록 해요. 청약 후 보름 동안은 언제든 손해 안 보고 취소할 수 있으니 다음 시간에 제가 한번 봐줄게요! 카페라떼 잘 마셨어요. 좋은 하루 보내요!"

"과장님도 하루 잘 보내세요. 항상 고맙습니다."

오늘의 과제 **3~4만 원대로 의료실비보험에 가입하라!**

아, 눈알이 빠질 것 같아. 뭐가 이렇게 복잡하고 많은 거야?

벌써 두 시간째 재테크 카페에서 보험 게시판을 뒤지고 있다. 의료실비보험에 대한 질문이 압도적으로 많다. 좋다는 평들이 많은 A화재와 B화재의 상품에 상담 신청을 해보기로 했다.

와, 빠르다. 이 사람들은 잠도 안 자나? 불과 한 시간도 안 되어서 메일로 견적서가 도착했다. 으악, 복잡해! A화재는 4만 원대, B화재는 5만 원대로 설계가 되었다. 보험료가 약간 부담이 되는 것 같은데?

게시판에서 찾아보니 사망 보장과 질병 보장 금액을 낮추면 보험료가 내려간단다. 아, 그런 방법이 있었어? 다시 설계사에게 보장 금액을 낮추어달라고 메일을 보낸다. 쏜살같이 답메일이 왔다. A화재가 3만 원대 후반, B화재는 4만 원대 초반으로 설계가 되었다. 내일 한 번 더 꼼꼼히 비교해보고 가입해야겠다.

아, 피곤해! 그래도 골키퍼까지 완성해서 뿌듯하다! 그나저나 K, 이 자식은 보험 들었나? 에이, 별것이 다 걱정되네!

레슨 3. 알고 보면 간단한 보험의 세계

오늘은 보험 이야기를 해보죠. 미래에 발생할지 모르는 사고나 질병, 혹은 노후를 대비하기 위해 들어두는 보험. 설계사나 홈쇼핑의 보험 설명을 듣고 있으면 전부 다 가입해야 두 다리 쭉 뻗고 잘 수 있을 것 같죠? 하지만 그러자니 월급 받아서 몽땅 보험금으로 써도 부족할 것 같고. 사망 보장이니 재해 사망이니, 용어는 또 어찌나 복잡한지……. 하지만 걱정 마세요. 꼭 필요한 내용만 정리했으니까요. 알고 보면 간단한 보험의 세계로, 고고!

1. 보험은 보험일 뿐 오해하지 말자

보험은 가입 목적에 따라 보장성 보험과 저축성 보험으로 나눌 수 있습니다. 보장성 보험에는 살면서 겪게 되는 여러 가지 위험에 미리 대비하는 의료실비보험, 암보험, 종신보험, 정기보험 등이 있고요. 저축성 보험에는 장기 목돈 마련이나 노후 대비를 위한 연금보험, 저축보험, 변액보험 등이 있습니다.

자, 여기서 핵심 체크! 20대 직장인 초년생이라면 보험을 고를 땐 무조건 '위험 보장'을 먼저 생각하시면 됩니다. 물론 저축성 보험의 장점도 많지만 돈이 너무 오래(10년 이상) 묶인다는 단점이 있기 때문이지요.

여러분이 납입하는 초반 5개월~1년 정도의 보험료 중 적지 않은 금액이 보험설계사의 수당과 기타 사업비로 지불됩니다. 보험을 초기에 해약하면 절대 원금을 돌려받지 못하는 이유지요. 무려 5년 넘게 사업비가 빠져나가는 상품도 있습니다. 따라서 저축이나 투자를 위해서 상품을 찾는다면 굳이 수수료가 높은 보험사보다는 은행이나 증권사에서 찾는 것이 낫지 않겠습니까? 또 보장성 보험에 가입할 때도 나중에 돈을 돌려받는 환급형보다 소멸형으로 최대한 저렴하게 가입하기를 추천합니다.

2. 보험 가입에도 순서가 있다

대부분 국민건강보험에 가입되어 있어서 감기에 걸려 병원에 가면 몇천 원이면 해결되죠. 그런데 큰 병이 걸렸을 경우 이야기는 달라집니다. 그럴 경우를 대비해 의료실비보험을 가입 1순위로 꼽습니다.

의료실비보험은 병원에서 지출한 실제 본인 부담금을 90%까지 보장해주기 때문에 국민건강보험을 보완하는 역할을 합니다. 감기 같은 가벼운 질병부터 암, 상해·사고와 같은 중대한 질병, 그리고 CT와 MRI 등 고가의 의료비까지 책임져주죠.

그 다음으로 자금 여유가 생기면 암, 뇌졸중, 급성심근경색

등 3대 질병을 보장해주는 보험에 가입합니다. 의료실비보험에 가입했다면 3대 질병에 걸린 경우에도 병원비를 보장받을 수 있어요. 하지만 고액의 치료비와 장기간 요양을 필요로 하는 경우를 대비해 암보험이나 CI보험에 가입해 추가로 보장을 받는 것이 좋습니다.

본인의 병원비를 해결하고 나면 다음으로 종신보험을 생각해볼 만합니다. 종신보험의 목적은 가장이 갑작스럽게 사망했을 때 가족들에게 경제적 안정을 보장해주는 것입니다. 의료실비보험이나 암보험은 미혼인 경우에도 반드시 필요한 보험이지만, 종신보험의 경우 결혼 후 가족 단위로 설계하는 것이 여러모로 유리한 상품입니다.

특히 20대 미혼 여성의 경우 종신보험에 가입하려 한다면 보장 내역은 비슷하면서도 보험료는 절반 수준으로 저렴한 정기보험을 고려해보세요. 죽을 때까지 보장되는 종신보험과 달리 70세나 80세라는 만기가 있다는 것은 염두에 두시고요.

그 다음으로 가입을 고려할 상품이 연금 및 저축보험입니다. 노후 대비를 위해 투자 수익까지 노리는 변액 상품들도 많이 나와 있으니 공부해두세요.

자, 정리해드릴게요. 보험 가입 순서는 의료실비보험→암보험 · 중대질병보험→종신(정기)보험→연금(변액) 혹은 저축보험입니다.

3. 연봉의 10%? 보험료는 얼마가 적당할까요?

많은 분들이 적정 보험료에 대해 궁금해 합니다. 동일한 나이에 비슷한 보장을 하는 보험에 가입해도 보험사나 상품에 따라 보험료 차이가 천차만별이기 때문이죠. 따라서 보험 비교 사이트 등을 통해 꼼꼼하게 살펴본 뒤 가입해야 합니다.

일반적으로 의료실비보험은 사회 초년생일 경우 3~5만 원 정도가 적당하고, 종신보험의 경우 1억 원 보장 기준으로 15만 원 안팎이 적당합니다. 정기보험에 가입한다면 1억 원을 보장받아도 5~8만 원 선으로 더 낮아지니 참고하시고요. 보장성 보험의 경우 1년에 100만 원까지는 소득공제가 되니 연말정산 때 꼭 챙기세요(요즘은 국세청이 인터넷으로 알아서 챙겨주고 있답니다).

어떠세요. 도움이 되셨나요? 똑똑하게 보장받는 보험 설계하시기 바랍니다.

레슨 4. 보험 두 번째 이야기

지난 수업에 이어 이번 시간에도 보험 이야기를 하려고 합니다. 보험은 여러분이 접하는 재테크 상품 중 가장 공부가 많이 필요한 아이거든요. 매달 내는 보험료는 얼마 안 되는 것 같지만 10~20년은 기본인 납입 기간을 따져보면 1000만 원이 훌쩍 넘는, 가장 부담스러운 상품이기도 하죠. 지난 시간에는 보험 상품에 대해 전반적으로 살펴봤는데요. 이번에는 보험에 가입할 때 실질적으로 도움이 될 만한 것들을 짚어보겠습니다.

1. 의료실비보험 제대로 가입하는 법

의료실비보험에 대해서는 지난 시간에 자세히 알아봤고요. 오늘은 가입할 때 꼭 챙겨야 할 몇 가지 사항을 살펴보겠습니다.

우선 무조건 보험 비교 사이트에서 무료 견적을 받아봅시다. 보험사에 문의하면 당연히 자사 상품 장점만 강조하다 보니 결정하기가 힘들죠. 이럴 때 보험 비교 사이트에서 두세 명 정도의 상담사에게 자료를 요청하면 비교하기에 좋습니다.

의료실비 같은 실손보험은 무엇보다 갱신 조건이 중요한데요. 갱신이란 보통 3년마다 의료비나 물가를 감안해서 보험료가 조정되는 것을 말해요. 당연히 갱신되는 항목이 적을수록 좋겠지요? 그리고 80세 만기인지 100세 만기인지 살펴보고, 의료비 한도 보장이 365일인지 180일인지도 확인해야 합니다.

2. 연금은 어렵다? 딱 두 가지만 기억하세요

연금 관련 보험은 종류가 너무너무 많습니다. 소득공제니 비과세니 어디선가 들어본 것 같기는 한데 뭐가 다른 건지 헷갈리고, 연금은 하나 가입하고 싶은데 종류는 많고……. 에라 모르겠다. 보험설계사로 일하는 친척이 좋다는 상품으로 가입하지 뭐, 하고 생각하는 분도 계실 겁니다. 지금부터 연금보험 가입할 땐 복잡한 내용은 다 제쳐두고 두 가지만 신경 써서 결정하면 실수하지 않을 겁니다.

첫째, '소득공제형 연금보험'과 '비과세 연금보험' 중 하나를 선택합니다. 소득공제형 상품은 말 그대로 매년 400만 원까지 연말에 소득공제를 받을 수 있습니다. 연봉이 1200만 원에서 4600만 원 사이라면 약 60만 원 정도를 돌려받을 수 있습니다. 꽤 짭짤하죠?

하지만 나중에 연금을 받을 때 연금소득세 5.5%를 내야 하고, 만약에 공적연금 및 퇴직연금 받는 수령액과 합산해 일정 금액을 초과할 경우 종합소득세를 신고·납부해야 한다는 점을 기억하세요(연금보험과 형제 격인 연금저축과 연금펀드도 이 조건은 동일합니다).

반면 비과세형은 매년 소득공제 혜택이 없는 대신, 연금을 받을 때 세금을 안 내도 되는 상품으로, 변액연금이나 보험사 일반 연금보험이 이에 속합니다.

그럼 둘 중 어떤 상품이 유리할까? 중도해약을 하지 않는다고 가정하면 수익률 면에서 어느 쪽이 좋다고 딱 잘라 말하기는 어렵습니다. 연금보험료를 내는 기간에 세금을 안 내느냐, 아니면 나중에 연금 수령 시 세금을 안 내느냐의 차이인 것이죠.

다만 연봉이 많을수록 소득공제 금액이 크기 때문에 고액 연봉자의 경우는 소득공제형이 유리할 것이고, 퇴직연금 등 연금 수령액이 많아 종합소득세까지 납부할 만큼 노후가 빵빵할 것 같다면 (올레!) 비과세형을 생각해보세요.

둘째, 확정이자를 주는 예금 성격의 상품과 주식에 투자하는 펀드 성격의 상품 중 선택하세요. 여기서 핵심 포인트! 둘의 장단점을 단순 비교해 결정하지 말고, 자신의 재산 중 채권(예금)과 주식(펀드) 비중을 고려해 결정하는 것이 좋습니다. 안전한 적금주의자라면 연금은 공격형인 펀드를 선택해볼 만하고, 월급 중 대부분을 펀드나 ETF에 투자하고 있다면 상대적으로 안전자산인 저축 상품을 고려해봐야 합니다.

3. 묻고 따지고, 두 번 더 생각하라

"앞으로 10년 동안 무슨 일이 있다 해도 꾸준히 이 돈을 넣을 수 있을까?"

이 질문이야말로 연금 가입의 시작이자 끝이라고 할 수 있어요. 비과세니 소득공제니 아무리 고민해서 결정을 해도, 3~4년 넣다가 사정이 여의치 않아 깨면 엄청난 손해를 보게 됩니다. 연금 상품은 초반에 사업비 등 수수료를 많이 떼기 때문이지요.

연금저축의 경우, 최소 5년이 지나야 해약 환급금이 원금과 같아지게 됩니다. 또한 납입 기간이 끝나기 전에 일시금으로 받게 되면 기타 소득세 22% 정도를 내야 하고, 5년 내에 해지하면 해지 가산세 2.2%도 함께 내야 합니다.

다시 한번 강조하지만, 보험 연금 상품은 장기투자 상품입니다. '앞으로 10년 동안 넣을 수 있을까?' 연금보험 가입 전에 묻고, 묻고, 또 묻는 것 잊지 마세요. 추가불입 기능이 있는 상품이라면 일단 적은 액수로 가입해놓고 나중에 여유가 생겼을 때 돈을 더 납입하는 것도 방법입니다. 추가불입금에 대해서는 수수료 명목의 사업비도 떼지 않으니 고객으로선 더 유리하다고 할 수 있겠네요.

처음 만나는 ETF,
누구냐
넌!

"A화재 들어! 거기가 보장이 더 실속 있어!"

어느 보험사에 들까 고민하고 있는데 서연에게 전화가 왔다. 뭐 하냐기에 보험 고민한다고 했더니 대번에 A보험사에 들란다. 거기가 보장 내역이 더 실하다는 것이다. 저는 재작년에 지금 다니는 회사로 옮기자마자 들었다고.

뭐냐, 왜 진작 얘기해주지 않은 거냐? 게다가 펀드도 하고 있단다. 세상에! 만날 술이나 먹고 연예인, 화장품, 가방 얘기나 하고 옷이나 사러 다녔지 재테크의 '재' 자도 꺼낸 적 없었는데……. 배신감 작렬이다. 그래도 이제라도 정신 차린 게 어딘가! 김 과장 만난 게 참 다행이다 싶다.

"하하. 배신감까지 들었어요? 뭐 그럴 것까지야……."

"말도 마세요, 과장님. 펀드로 수익을 20%나 올렸다고 하더라고요. 20%면 어디에요. 그냥 계산해도 적금 수익률의 다섯 배잖아요! 그렇게 좋은 걸 저 혼자 하고 있었다니! 의료실비보험은 나한테 알려주지도 않고!"

"20% 수익이면 괜찮다. 그렇죠? 그래서 보험은 A화재에서 들기로 한 거예요?"

"네. 보장 내역 한번 봐주실래요? 보험료를 낮추느라 사망 보장금 낮추고 이거랑 이거 보장을 뺐어요!"

"어우, 사망 보장이란 용어가 자연스럽게 나오는 걸 보니 공부 많이 했나 보네요?"

"헤헤, 모니터를 하도 들여다봤더니 눈이 막 튀어나오려고 하더라고요. 그래도 공부가 많이 됐어요. 보험이라고 하면 왠지 좀 무서웠는데 그런 마음도 많이 없어졌고요!"

"아주 좋아요! 조금만 알아보면 그렇게 어렵거나 복잡하지 않다는 걸 알았죠? 이제 진영이 다 갖추어졌네요! 축하해요."

"고맙습니다. 이제 빨리 본 게임에 들어가고 싶어요. 서연이도 20%나 벌었다는데, 저도 빨리 시작할래요. 얼른 가르쳐주세요, 과장님. 네?"

"늦게 배운 도둑질이 무섭다더니. 이 여자, 은근 도박사 기질이 있어! 하하."

"아니 그게요. 모르는 사람들이 1억 모으고 3년에 두 배 벌고 이런 건 괜찮은데, 친한 친구가 20% 수익 났다니까 괜히 샘나고 빨리 해야겠다 싶고 그러네요. 호호."

"그래요. 이해해요. 사실 몇 년간은 펀드가 성적이 꽤나 좋았죠. 20%는 물론이고 40% 넘는 수익률도 어렵지 않았으니까요. 코스피가 워낙 많이 올랐거든요!"

"헤? 40%나요? 아, 나도 진작 펀드 들걸. 혹시 손해 볼까봐 무서워서 안 했는데!"

"2008년, 2009년에는 손해를 본 적도 있었어요. 원금이 반토막 나고 심한 건 마이너스 60%까지도 갔었죠!"

"네에? 마이너스 60%요? 어휴, 장난 아니네요. 역시 펀드는 할 게 못 되는 건가요?"

"푸하하. 은재 씨 오늘 새로운 면 보여주네요. 이제 보니 귀가 엄청 얇구나? 이랬다저랬다 왔다 갔다 팔랑귀네, 팔랑귀!"

"아, 눈치채셨어요? 제가 좀 그래요. 그래도 덕분에 김 과장님 말 잘 듣고 있잖아요!"

"하하. 인정! 지금까지 아주 잘 따라오고 있어요. 오늘이 가장 중요하니까 귀 펄럭이지 말고 잘 들어야 해요!"

"네! 본 게임 시작인걸요! 뭐든 말씀만 하세요!"

"바로 그거예요. 은행 이자보다 높은 수익을 내면서 원금 손실의 위험을 최소화하는 포트폴리오 만들기! 우리의 재테크 공격수를 소개할게요. 바로 ETF예요!"

"ETF요? 그건 효과적인 재테크를 위한 첫걸음의 약자잖아요."

"그건 제가 만든 말이고요. 진짜 ETF는 Exchange Traded Fund(상장지수펀드)의 약자랍니다!"

"Exchange Traded Fund라고요? 그것도 펀드인가요?"

"네, 쉽게 말해서 주가지수에 따라서 오르고 내리는 펀드예요. 코스피 지수가 올라가면 그만큼 내 재산도 불어나고 코스피 지수가 내려가면 내려간 만큼 손해를 보죠!"

"서연이는 인덱스 펀드인가 거기에 투자했다고 하던데 그것도 주가지수가 오르면 수익이 나는 거라고 하던데요?"

"맞아요! ETF는 인덱스 펀드랑 비슷한 거예요. 하지만 펀드보다 좋은 점이 몇 가지나 있어서 저는 ETF를 추천한답니다!"

"그럼 펀드 들 필요 없이 ETF를 들면 되겠네요! 좋았어! 서연이보다 높은 수익률을 내고 말겠어!"

"은재 씨, 대박! 팔랑귀에 승부사 기질도 있어. 하하. 대신 ETF는 조금 귀찮기도 해요. 펀드는 적금처럼 한 번 자동이체 신청을 해놓으면 알아서 다 되지만 ETF는 주식을 사는 것처럼 매달 직접 사야 하거든요!"

"아, 역시 공짜는 없는 거군요. 흑흑. 하지만 좋은 점이 몇 가지나 있다는데 그 정도는 감수해야죠. 안 그래요?"

"하나를 가르치면 세 개쯤 알아버리는 은재 씨, 멋져요! 그럼 다음 시간에는 ETF를 직접 사보기로 합시다!"

"엥? 지금 바로 안 사고요?"

"성질도 급하시긴! ETF가 뭔지 제대로 공부를 하고 사도 사야죠. 자, 그럼 오늘의 숙제는 뭔지 알겠죠! ETF가 뭔지 열심히 공부해 오세요. 아, 아주 중요한 숙제니까 특별히 리포트를 쓰도록 합시다! 제대로 정리가 안 되었다 싶으면 쪽지시험 볼지도 몰라요! 대신 오늘 과제를 잘하면 제가 맛있는 밥을 살게요. 커피도 매일 얻어먹는데, 보답해야죠."

"이 나이에 무슨 리포트? 원망 조금 하려다가 밥 사주신다는 말에 의욕이 불끈 솟았어요! 흐흐. 커피는 수업료로 드리는 건데. 부담 없이 드셔도 돼요!"

"오늘의 숙제 잘 해오세요. 다음 수업은 여기 커피숍 말고 지난 번처럼 분위기 좋고 맛있는 곳에서 합시다! 과제는 메일로 보내줘요. 나 철야하고 쉬는 날이거든요. 정답이 맞으면 저녁 약속 장소를 알려줄게요!"

"네. 꼭 A⁺ 받아서 맛있는 거 먹을 거예요! 다음 수업 때 뵈어요, 과장님!"

인터넷으로 ETF를 검색했더니 가장 먼저 시세 정보가 떴다. KODEX200, KODEX삼성그룹, KODEX레버리지, 에휴 뭐가 이렇게 많아? 저 밑에 KOSEF200은 또 뭐야?

그래도 맛있는 저녁이 걸려 있으니 포기할 수 없지. 이제 본 게임 시작이라는데! KODEX 홈페이지로 가서 차근차근 공부해보기로 했다.

KODEX200은 코스피 지수에 따라서 움직이는 거고, KODEX 레버리지는 코스피가 오를 거라고 예상할 때, KODEX인버스는 코스피가 내릴 거라고 예상될 때 투자하는 거란다. 그 밖에도 종류가 엄청 많았다. 삼성, 현대 같은 기업 이름이 붙은 것도 있고, 자동차, 철강, 기계, 화학, 반도체, 바이오 등등 산업 이름이 붙은 것도 있다.

재테크 카페도 뒤져보기로 했다. 우아, ETF를 매달 적립하는 사람들이 생각보다 많구나. 종류가 많은데 대부분 코스피200을 따라가는 상품에 투자하고 있었다.

휴우! 오늘은 숙제하는데 오래 걸렸네. 검색하는 동안 커피만 두 잔이나 마셨다. 그래도 ETF가 어떤 상품인지 꽤 잘 알게 된 것 같아 든든한걸!

ETF가 좋은 점이 많다는 사실을 알게 된 것도 좋긴 하지만, 근사한 곳에서의 저녁식사가 더 당기는구나, 음하하하! 일주일에 두 번씩 재테크 수업에 과제에 치이다 보니 K 생각도 덜 나는 것 같다.

이 자식, 잘 살고 있는 거야? 어쩜 연락도 없는 거야? 이 나쁜 놈아!

허 옵빠의 쓰리포인트 레슨

레슨 5. 주식 정석 투자의 첫걸음 ETF

오늘은 칼 이야기로 시작해볼까요? 칼은 위험한 물건이죠? 손을 벨 수도 있고 여차하면 치명적인 상처를 낼 수도 있고요. 그렇다고 칼을 절대 쓰지 않는 사람이 있을까요? 조심해서 사용하면 요리도 할 수 있고, 면도칼이라면 종이도 자르고, 눈썹칼로 눈썹을 다듬을 수도 있잖아요. 한마디로 '칼은 위험하지만 잘 사용하면 유용하다'는 것이죠.

주식=대박 혹은 쪽박?

평생 원금 손실 없이 확실한 이자를 주는 은행만 이용했다면 주식에 발 담그는 것을 두려워하는 게 당연합니다. 그러나 '주식은 손해를 볼 수 있기 때문에 관심조차 갖지 말아야 한다'는 말은 마치 '칼이 위험한 도구이기 때문에 절대 사용하면 안 된다'는 말과 같습니다.

1. 더 안전하게! 더 안전하게! 더 안전하게!

주식 투자는 분명 위험합니다. 그 위험의 정체를 알아볼게요. 크게 '시장위험'과 '개별위험'으로 나눌 수 있습니다. 시장위험이란 말 그대로 시장 전체의 주가가 오르고 내리는 것에 따른 위험을 말합니다. 개별위험은, 예를 들어 삼성전자에 투자했을 경우 전체 주가는 오르는데 삼성전자에만 문제가 있어 나 홀로 주가가 떨어지는 경우를 말하고요.

위험 요소가 하나도 아니고 두 개나 되니 당연히 위험하겠지요? 당장 내일 증시가 오를지 떨어질지 알기도 힘든데, 약 2000개가 넘는 종목 중에서 대박주를 고른다는 것은 거의 '찍기' 수준에 불과한 거죠. 그렇다면 어떻게 해야 할까요? 위험 요소를 하나로 줄여버리면 간단해집니다. 시장위험은 우리가 어떻게 할 수 없으니, 개별위험을 줄이면 되죠.

해답은 '분산투자'에 있습니다. 만약에 코스피 시장에 상장되어 있는 930여 개 종목을 모두 지수와 같은 비율로 보유하게 되면 개별위험은 완벽하게 사라지고 시장위험만 남게 되겠죠. 실제로 그 종목을 모두 사기란 불가능하지만 그래도 비슷한 방법이 있답니다!

2. 코스피 전 종목에 똑같이 투자한다고?

코스피 전 종목을 똑같은 비율로 투자하는 방법은 뭘까요? 글로벌 금융위기 이후 전 세계적으로 뜨고 있는 ETF라는 상품이 있습니다. ETF는 Exchange Traded Fund의 약자로, 우리말로는 상장지수펀드라고 합니다. 즉 증권선물거래소에 상장되어 일반 주식처럼 거래되고 있는 인덱스 펀드입니다. 펀드와 주식의 장점을 뽑아서 만든 금융 상품입니다.

시장을 대표하는 지수에는 코스피200지수와 KRX100지수가 있습니다. 이 중 코스피200은 유가증권시장에 상장되어 있는 종목 중에서 대표 우량주 200개 종목이 편입되어 있어, 이들의 시가총액이 유가증권시장 전체의 94%를 차지합니다. 코스피200지수의 움직임이 종합주가지수 등락률과 거의 같다고 생각할 수 있겠죠.

흔히 ETF라 하면 코스피200을 추종하는 종목이라 여겨도 크게 틀리지 않습니다. 현재 증시에 상장되어 있는 코스피200을 추종하는 ETF로는 KODEX200, KOSEF200, TIGER200, KINDEX200 그리고 TREX200 등이 있습니다. 돈을 굴리는 회사들이 상품명으로 지었기 때문에 이름은 제각각이지만 뒤에 모두 '200'을 달고 있지요.

이제 이 상품들 중 하나를 골라 투자하면 대략 2~3만 원 정도로 우리나라 증시 전체에 투자할 수 있는 겁니다. 소액으로 투자할 수 있어서 참 좋죠? 자금이 넉넉지 않은 20대에게 ETF를 강추하는 이유 중 하나이기도 합니다.

3. 한류 스타 부럽지 않은 인기!

세계 최초의 ETF는 1990년 3월 캐나다증권거래소에 상장됐습니다. 그 후 ETF시장은 미국을 중심으로 전 세계적으로 급성장했습니다. 지금은 세계 증시에 상장된 ETF 규모가 9000억 달러에 달하며, 미국의 경우 펀드 유입 자금 중 70% 이상이 ETF시장으로 들어오고 있다고 합니다. 특히 2004년 초 11억 달러 수준에 불과하던 글로벌 신흥 시장 관련 ETF 운용자산은 현재 1111억 달러로 100배 이상 폭발적으로 증가했습니다. 연평균 89%씩 늘어난 셈이죠. 어때요, 인기가 어마어마하죠?

우리나라는 2002년 10월에 처음으로 코스피200과 코스피50을 추종하는 4개의 ETF가 상장됐습니다. 초기에는 기관과 외국인 투자자만이 주로 거래를 했습니다. 그러다 2006년 섹터지수와 스타일지수가 거래되면서 종목 수와 거래량이 점차 많아졌습니다. 개인 투자자들의 거래가 늘기 시작한 건 2008년 금융위기 때부터입니다. 무섭게 떨어졌다 올랐다 하며 증시 변동성이 커진 시기죠. 2011년 현재 국내 ETF시장 규모는 9조 5046억 원 정도로, 첫 상장 이후 25배 이상 성장했습니다. 2010년에만 4조 원이 넘는 자금이 흘러 들어왔습니다.

이렇게 ETF는 아직 많은 투자자들에게 익숙하지 않은 상품이지만 세계적으로 검증된 주식 투자 수단입니다. 주식 초보자들에게 가장 안전하면서 정석 투자를 익힐 수 있는 기회를 제공할 것입니다.

월 5만 원으로
ETF 투자
시작하기

철야하고 늦잠을 자는 걸까? 메일은 어젯밤에 보냈는데 점심시간이 지나도 소식이 없다.

딩동, 드디어 김 과장님 문자 도착!

'음, 이렇단 말이죠.'

어, 이게 뭐야? 리포트 내용이 부실했던 걸까? 아닌데, 나름 꼼꼼하게 정리했는데……. 두근두근, 뭐 이런 일로 떨리기까지 하고 그러냐!

딩동! 또 문자가 왔다!

'일식 좋아해요? 6시 반에 강남역에서 만나요! 굿잡, 베이비!'

아싸! 통과했구나! 취업 이후로 이렇게 기쁜 건 처음이다. 어제

고3 수험생처럼 열심히 공부한 보람이 있었어!

'나 먼저 와 있어요. 일식집으로 바로 올래요?'

퇴근하는 발걸음이 가볍다. 이게 얼마 만에 오는 강남역이냐. 여전히 사람들로 북적이는군. 김 과장님이 보내준 약도를 따라 골목길로 들어서니 금세 한적해진다. 강남역 근처에 이렇게 조용한 곳이 있었어? 조금 더 들어가니 약속 장소인 일식집 간판이 보인다. 모르는 사람이 보면 있는지도 모르게 작은 간판이 인상적이다.

"왔어요? 어서 와요!"

방에 들어서자 노트북을 들여다보고 있던 김 과장이 반겨준다.

"과장님! 철야하고 쉬는 날에 맛있는 거 사준다고 불러주시고, 너무 감사해요."

"아, 나 은재 씨한테 마음 상했어. 이걸 말해야 해, 말아야 해?"

"왜, 왜요? 제가 뭐 잘못했어요? 뭐 때문에 그러세요, 과장님."

"그 과장님 소리 좀 안 할 수 없어요? 그냥 편하게 언니라고 부르면 안 돼? 우리가 한두 번 만난 사이도 아니고, 여기는 회사도 아니잖아요. 그놈의 과장 소리 지겨워!"

"아이 진짜, 깜짝 놀랐잖아요. 전 또 제가 뭐 잘못한 줄 알고…… 자꾸 저 놀리실 거예요?"

"하하. 미안미안. 맨날 부장이 불러대니까 노이로제 걸릴 지경이야. 제발 회사 밖에서라도 그 소리 좀 안 듣고 싶어서 말예요."

"그러는 과장님도 편하게 말 놓으세요. 존대하시니까 저도 더 어렵잖아요."

"하하. 그래요 그래. 공평하게 '언니'와 반말을 교환합시다! 아, 배고파! 우리 밥 먹어요. 여기는 메뉴가 따로 없어요. 그냥 주는 대로 먹어야 해. 그래도 한 번도 실망한 적은 없으니 맛있게 많이 먹어요. 사장님, 여기요!"

"네, 과장님, 아니 언니가 사주시는 밥은 늘 맛있어요. 오늘도 기대할게요."

음식은 아주 훌륭했다. 뷔페에서 먹던 초밥이나 회와는 차원이 달랐다. 정통 일식이라서 그런가. 처음 먹어보는 음식들도 있었다. 다 나온 줄 알았는데 튀김이며 탕이며 알밥까지 계속 나왔다. 헉헉, 배부르다. 이렇게 정신이 혼미해지게 먹은 게 얼마 만이냐.

"아가씨, 정신 차려요! 아주 중요한 오늘의 수업이 남았단 말이에요!"

"헉, 언니 너무 배불러요. 맛있어서 계속 먹었는데 숨도 잘 안 쉬어지는 것 같아요."

"아 나 이거, 수업이 제대로 될지 모르겠네. 전쟁에 나가기 전에 장수는 잘 먹여야 하는 법이라서 이리로 데려왔더니, 역효과 나는 거 아니야? 하하! 아, 나도 배불러. 너무 먹었나 봐."

"흐흐, 그러게 말이에요. 최대한 정신 차리고 들어볼 테니 수업 시작하세요."

"좋아요. 자 여기 노트북을 보세요."

노트북에는 내가 CMA 계좌를 개설한 증권사 홈페이지가 열려 있었다.

"자, 이제 ETF 사는 방법을 알려줄게요. 이건 주식하고 사고파는 방법이 거의 똑같으니 아주 나중에 자산이 많이 늘고 주식을 하게 된다면, 미리 공부가 되기도 할 거예요."

"네네. 눈 똑바로 뜨고 보고 있어요!"

"하하. 그래요. 이건 내가 아까 낮에 ETF 매매하면서 화면 저장해놓은 거예요. 차례차례 보여줄 테니까 잘 봐두고 따라하세요. 한 번만 눈여겨봐두면 나머지는 식은 죽 먹기니까!"

"귀찮으셨을 텐데 저 때문에 이런 배려까지, 너무 고맙습니다."

"귀찮긴요. 나 컴퓨터 주물러서 먹고사는 여자예요! 흐흐. 이게 뭐 어렵다고. 자, 여기를 봐요. 증권사 홈페이지에서 로그인을 하면 여기 주식 매매 관련 메뉴들이 있죠? 여기서 이 바를 클릭하면 이런 주문 창이 떠요. HTS(홈트레이딩시스템)라고 하죠."

"네에, 홈트레이딩시스템."

"여기 보면 매도랑 매수랑 나뉘어져 있죠? 우리는 주식을 살 거니까, 여기 매수 창을 클릭해줘요."

"주식 매매에서 매수 창을 클릭한다."

"오케이, 그러면 이런 화면이 뜨게 되는 거고요. 계좌번호 옆에 비밀번호 칸이 있죠? 거기에 비밀번호를 입력하면 살 준비가 반은 끝나요. 인터넷뱅킹하고 거의 흡사하죠?"

"네. 옆에 파랗고 빨간 숫자들이 어지럽게 널려 있긴 하지만, 여기까지는 어렵지 않아요."

"그 다음에 여기 밑에 있는 검색 메뉴로 들어가서 원하는 종목을 검색하는 거예요. 우리가 살 종목은 코스피 지수를 그대로 추종하는 KODEX200, KOSEF200 같은 거니까 그걸 입력해요."

"검색창에서 KODEX200이나 KOSEF200을 입력한다!"

"그러면 이렇게 가격대가 쭈욱 나오고, 그 옆에 숫자들이 있죠? 그게 '호가'라는 거예요. 여기 왼쪽 파란색으로는 팔려는 사람들의 물량과 원하는 가격이, 오른쪽 빨간색으로는 사려는 사람들의 물량과 가격이 나오죠."

"아, 이런 거 처음 봐요! 이 왼쪽에 있는 게 팔려는 거고, 오른쪽에 있는 게 사려는 것들인가요?"

"맞아요. 그러면 이 중에서 은재 씨가 원하는 가격으로 매수 주문을 넣으면 돼요. 나는 여기처럼 이 가격에 주문을 넣었죠. 이렇게 쓰고 여기를 클릭하면 주문은 끝나요!"

"어, 끝난 거예요? 생각만큼 어렵지 않은데요?"

"그럼요, 한 번 해보면 그 다음은 일도 아니죠. 내가 주문을 넣은 가격까지 내려오면 자동으로 사게 되고요. 그 가격까지 내려오지 않으면 주문이 취소가 돼요. 이렇게 복잡하게 가격 실랑이하기 싫으면 여기 이 버튼 보이죠? '시장가'라는 부분에 체크하면 바로 그 시점의 가격에 매수가 되는 거랍니다."

"아, 시장가요? 그걸 체크하면 팔려는 사람이 지금 내놓은 가격으로 사는 거군요?"

"제대로 이해했어요! 이 가격을 보고 은재 씨가 투자할 금액을 생각한 다음 비슷하게 주문을 넣으면 되는 거예요."

"이렇게 직접 화면을 보면서 배우니까 금방 알겠어요! 오늘 숙제는 5만 원어치 ETF를 사보는 거 맞죠?"

"하하. 맞아요. 지금 설명해줬던 걸 떠올리면서 차근차근 해보세요. 이 파일들 은재 씨 메일로 보내놓을 테니까 헷갈리면 꺼내보고요. 한 번만 해보면 전혀 어렵지 않다는 걸 알 수 있을 거예요."

"그런데 왜 하필 5만 원인가요?"

"아, 그거요? 아까 낮에 사면서 보니까 KODEX200이 하나에 2만 4000원 정도더라고요. 그래서 2주는 사보라고 한 거예요. 물론 1주만 살 수도 있지만요. 어때요, 혼자 할 수 있겠어요?"

"네. 쉬운데요? 충분히 할 수 있을 것 같아요. 이제 드디어 시작이군요! 공격하러 출발! 히히."

"이 여자 신났네! 그런데 주문할 때 항상 조심해야 해요. 가격에 '0' 하나를 더 붙이지 않게 꼭 몇 번씩 확인하고 수량 칸에 입력할 때도 항상 맞게 입력했는지 확인하는 습관을 들이세요. 3만 원짜리를 30만 원에 사거나, 2주만 살 것을 200주 사고 그러면 큰일 나니까!"

"헉! 알겠어요. 주문할 때는 항상 금액과 수량을 몇 번씩 확인할 것!"

"응. 그것만 주의해서 ETF 매수를 할 수 있다면 절반 이상 온 셈이에요. ETF 수업을 다섯 번 정도만 더 하면 포트폴리오 만들기는 끝날 것 같아요.”

“아, 그러고 보니 벌써 다섯 번이나 수업을 했네요. 바쁘실 텐데 시간 내주시고, 이렇게 맛있는 거 사주면서 친절하게 가르쳐주셔서 너무너무 고마워요, 언니.”

“아니에요. 늙다리 언니랑 놀아주는데 내가 고맙죠. 저도 은재 씨 보면서 느끼는 게 많답니다. 부디 잘 배워서 좋은 결과가 있으면 좋겠네요.”

“저도요. ETF 꿈통장으로 종잣돈 만들고 부자가 되어서 멋진 인생을 살 거예요!”

“하하, 그렇게 해요. 부자 되거든 나 맛있는 것도 좀 사주고요!”

“물론이죠! 제일 먼저 사드릴게요!”

“이제 나가서 좀 걸을까요? 나 너무 배불러서 좀 움직여야겠어요.”

“그래요, 언니. 혹시 바쁘지 않으시면 우리 옷 구경하러 동대문 쇼핑몰 갈까요?”

“정신 줄 놓고 돌아다니기에 딱 좋다는 그곳? 후후. 나 거기 가본 지 진짜 오래됐는데……. 어린 사람이랑 노니까 이게 좋구나! 빨리 가봐요!”

맛있는 거 잔뜩 먹고, ETF 사는 법도 배우고, 기분이 좋다. 언니 덕분에 좋은 것 많이 배웠는데 동대문 가서 작은 선물이라도 하나 해야지.

　점심 먹고 차 마시러 가자는 언니들을 보내고 휴게실로 들어왔다. 회사에 노트북을 들고 온 게 얼마 만인지……. 어제 김 과장님이 보여준 대로 증권사 홈페이지에 접속을 하고 주식 매매 창을 열어 KODEX200을 검색한다. 어제 본 화면 그대로 호가창이 줄줄이 뜬다. 아, 이런 거구나. 오늘은 처음이니까 시장가로 주문해볼까? 현재 시장가 2만 4250원을 입력하고 수량에 2를 입력한 다음 매수 버튼을 누른다. 아 참! 매수 누르기 전에 수량이랑 가격을 확인해야지! 자, 확인 후 클릭! 엥? 다 된 건가? 뭐가 이렇게 간단해?

　나의 자산 현황 페이지에서 확인해보니 KODEX200 2주가 매수되었고 CMA 계좌에서 4만 8500원이 빠져나갔다. ETF 투자가 드디어 시작됐구나! 나의 ETF야, 술술 불어나라. 나도 두둑한 종잣돈 좀 만져보자!

레슨 6. 증권 계좌 개설부터 주문까지

먼저 축하드립니다! ETF를 사기 시작했다면 절반은 온 셈이니까요. 앞에서 설명한 것처럼 ETF는 주식과 같은 방식으로 거래됩니다. 따라서 기존에 증권 계좌가 있다면 그 계좌를 이용해 거래하면 됩니다. 증권 투자 생 초보들을 위해 쉽게 시작할 수 있도록 차근차근 설명해드리도록 하겠습니다.

1. 증권 계좌 만들기, 은행이랑 똑같네?

먼저 증권회사를 선택합니다. 미래에셋증권도 있고, 한국투자증권도 있고, 삼성증권, 키움증권 등등 많죠? 어느 회사를 택하든 상관없습니다. 모든 증권회사에서 모든 종목의 ETF를 거래할 수 있으니까요. 증권 계좌는 은행에서도 개설할 수 있습니다. 증권회사 홈페이지에서 연계된 은행을 조회한 뒤 가까운 은행 지점에서 계좌를 만들면 됩니다.

증권회사 혹은 은행에 방문할 때는 신분증(주민등록증이나 운전면허증)을 꼭 가지고 가세요. 은행에서 통장 만드는 절차하고 비슷한데요. '계좌 등록 신청서'와 '투자 정보 확인서' 등 몇 가지 서류를 더 작성해야 합니다. 돈은 나중에 입금하면 되기 때문에 굳이 돈을 가지고 갈 필요는 없습니다. 인터넷으로 사고팔려면 HTS를 따로 신청해야 합니다. 모바일 족이라면 앱으로 모바일 거래를 할 수도 있겠죠.

2. 처음 만나는 HTS, 하나도 어렵지 않아요!

HTS 이용법을 알아볼까요? 증권사 홈페이지에서 '회원 가입' 메뉴를 찾아 ID와 비밀번호를 정하고 등록하세요. ID를 등록하면 공인인증서 발급 화면이 뜹니다. 은행 공인인증서와 마찬가지로 ID, 접속 비밀번호, 주민등록번호 등을 입력하고 공인인증서 비밀번호를 등록하면 공인인증서 발급이 완료됩니다(여기까지는 역시 은행과 똑같죠?).

이제 로그인 화면으로 갑니다. 이용자 ID와 접속 비밀번호, 공인인증서 비밀번호를 입력하면 로그인이 되지요. 이제 HTS 프로그램을 다운받아 설치합니다. 최근에 증권사별로 다양한 종류의 HTS 프로그램을 선보이고 있습니다. 초보자라면 어떤 프로그램을 고를지 고민하지 말고 가장 기본이 되는 프로그램을 받도록 하세요. 다운로드가 완료되면 설치 파일을 클릭해서 HTS 프로그램을 순서대로 설치하면 됩니다.

3. 드디어 매수 주문! 얼마에 몇 주를 살까?

ETF는 펀드이기는 하지만 증시에 상장되어 있습니다. 따라서 일반 주식과 똑같은 방법으로 거래를 하면 됩니다.

일단 먼저 '주식 매수 주문' 창을 띄웁니다. 계좌번호를 확인하고 거래 비밀번호를 입력합니다. 다음으로 종목코드를 입력해야 합니다. 코드 번호를 모른다고 당황하지 말고 종목코드란 옆에 있는 물음표(?)를 클릭하세요. 그러면 종목코드 안내 리스트 창이 뜰 겁니다.

ETF는 종목 이름이 모두 영어로 되어 있기 때문에 (AB)를 선택하시면 됩니다. 그리고 나서 KINDEX나 KODEX 등 ETF 종목을 찾아서 클릭합니다. 그러면 종목코드와 종목명이 매수 주문창에 나타나면서 옆에 매수 매도 가격대별 주문 물량 정보가 뜹니다.

무슨 가격이 이렇게 많고 복잡한가 싶으시죠? 수많은 가격 중 두 개의 가격을 주목해봅시다. 하나는 왼쪽에 파란색으로 적혀 있는 팔 사람들(매도 물량)의 가장 아래에 있는 가격이고요. 다른 하나는 오른쪽 빨간색으로 쓰여 있는 살 사람들(매수 물량)의 맨 위에 있는 가격입니다. 파란 것은 지금 팔려고 내놓은 물량 중 가장 싼 가격이고 빨간 것은 사려고 하는 사람들이 주문을 내놓은 가장 높은 가격을 나타내는 것입니다.

현재 이 종목의 가격은 이 둘 중 하나로 결정됩니다. 지금 당장 사려고 한다면 파란 가격(매도 호가) 중 가장 낮은 가격으로 주문을 내면 되고, 반대로 팔 때는 빨간 가격(매수 호가) 중 가장 높은 가격으로 주문을 내면 되겠죠.

얼마에 살지 결정했다면 이제 몇 개를 살지 정해야겠죠? 단가(사려는 가격)를 적고 바로 위 칸 수량에 몇 주를 살지 적어 넣으면 됩니다. 내가 가지고 있는 현금으로 몇 주나 살 수 있을까 모르겠다면 옆에 '현금 가능'을 클릭해보세요. 그러면 아래 박스에 현금 가능 수량이 나옵니다. 그것을 참고해서 결정하시면 됩니다.

어때요. 따라할 수 있을 것 같나요? 구구절절 설명했지만 한 번만 해보면 아주 쉽다는 걸 다시 한번 강조하는 바입니다!

CHAPTER_2

·

중급코스

ETF로 연 7%+α 수익률 달성하기

"

첫째, 매달 일정액씩 꼬박꼬박 적립한다.
둘째, 시장이 오르든 내리든
상관하지 않는다.
셋째, 목표 수익률까지 기다렸다가 판다!

"

시간에 맡겨라, 적립식의 힘!

"언니! 아니 김 과장님! 빨리 오세요, 빨리요!"

"아, 은재야, 너무 애타게 부르지 말아줘. 나 어제 회식에서 너무 달렸는지 지금 걷기도 너무 힘들어."

"하하, 죄송해요, 죄송! 1초라도 빨리 자랑하고 싶어서 그러죠! 속은 좀 괜찮으세요?"

"당연히 안 괜찮지! 아, 회사니까 존대할게. 은재 씨, 나 얼음물 좀 줘요. 에구에구, 나 죽네. 어제 같은 회식 두 번 했다간 시집도 못 가보고 세상 뜨겠어. 나 이제 진짜 늙었나 봐. 흑흑."

"음, 어디 보자! 다크서클이 좀 진해지긴 했지만 안 늙었어요. 예뻐요. 걱정하지 마세요!"

"어머 솔직한 은재 씨가 웬일이래? 기분 진짜 좋은가 보네! 뭐 좋은 일이라도 있어요?"

"네! 언니 덕분이에요! 지난주에 사둔 ETF가 벌써 수익률이 10%에 육박하고 있어요! 저 진짜 잘했죠? 승리의 브이, 짜자잔!"

"우아, 며칠 새 10%나요? 진짜 좋겠네요. 그럼 수익금이 5000원이네요, 벌써?"

에이, 힘없이 고개를 끄덕인다. 10%엔 으쓱했는데, 5000원이라는 말에 풀이 죽는다. 10%면 은행 이자의 몇 배인데, 고작 5000원이라니.

"아, CMA에 있던 돈 230만 원 전부 다 투자해서 ETF 사버릴걸. 그랬으면 23만 원인데. 아니, 정기예금에 있던 1500만 원도 다 몰빵해버릴걸. 그랬으면 173만 원 버는 건데!"

"이거이거 큰일 날 소리 하네! 이 여자 승부사인 줄 알았더니 완전 도박사구만! 큰일 날 소리 마시고 커피부터 좀 진하게 내려주시겠어요?"

"아, 네! 그런데 속 아픈데 커피 괜찮으시겠어요? 아침에 뭐라도 드신 거예요?"

"그럼그럼. 이제 늙어서 그런 거 잘 챙겨야 한다오. 집 앞 해장국집에서 이미 한 그릇 뚝딱 하고 왔으니 걱정 말고 커피 주세요, 미스 갬블러!"

"아이 참. 저 도박사 아닌데. 호호. 잠시만 기다리세요."

"은재 씨의 경우는 전형적인 초심자의 행운이네요!"

신주단지 모시듯 두 손으로 커피잔을 받아 들고 한 모금을 마시자마자 김 과장이 말했다.

"네? '초심자의 행운'이라고요?"

"어떤 상황을 처음 접한 사람이 뜻밖에 좋은 결과를 내는 걸 'Beginner's Luck'이라고 하죠. 그 왜, 파울로 코엘료의 소설 《연금술사》에도 나오잖아요."

"아, 제가 ETF에 대해 아무것도 모른 채 10%의 수익을 냈다고 그러시는 거군요?"

"네. 10% 수익이 난 건 축하할 일이지만 자칫하면 아주 위험해질 수도 있어요. 선무당이 사람 잡는다고 그러잖아요."

"제가 수비수인 정기예금 통장까지 다 넣을걸, 하고 말해서 불안해지신 건가요?"

"그래요. 재테크는 승패가 철저히 갈리는 경기 같은 거예요. 어쩌면 돈 놓고 돈 먹기, 피도 눈물도 없는 전쟁 같은 거죠. 그러니까 재테크에서 이기려면 철저히 준비를 해야 한다고요."

"알겠어요. 그럼 이제 뭘 해야 하죠? ETF는 언제든 살 수 있어요? 헤헤!"

"빨리 더 사고 싶죠? 지금 사면 또 엄청 올라서 20%, 30% 수익 날 것 같고, 막 그렇죠?"

"네. 꼭 지름신 오신 것 같아요. 엄청 사고 싶은 가방이 있는데 못 사서 안절부절못하는 그런 느낌이요."

"하하. 이거 ETF 사는 법을 잘 배웠다고 칭찬을 해줘야 하나, 이 놈의 승부욕을 줄이라고 야단을 쳐야 하나 헷갈리네. 빨리 사면 빨리 부자가 될 것 같은 그 마음 십분 이해하지만 20대가 투자하는 ETF의 핵심은 '시간에 맡긴다'는 거예요."

"시간에 맡긴다고요? 그건 첫날에도 말씀하신 거잖아요. 그때부터 궁금했는데 시간에 맡긴다는 게 무슨 뜻인가요?"

"가정을 해볼게요. 지금 우리가 투자하는 KODEX200의 기준인 코스피 지수가 1800대인데, 앞으로 어떻게 될까요? 3000까지 계속 오를까요? 아님 1000대로 떨어질까요? 은재 씨는 알 수 있나요?"

"글쎄요. 일주일 새 10%나 올랐으니까 더 오를 수도 있고 너무 많이 올라서 떨어질 수도 있겠네요."

"오케이! 시장은 하느님도 모른다는 말이 있어요. 3000으로 오를지 1000 밑으로 떨어질지 아는 사람은 아무도 없는 거죠. 그렇기 때문에 긴 시간을 투자한다는 생각으로 임해야 해요. 적어도 3년에서 5년은 투자를 해야죠."

"헤? 3년에서 5년이나요?"

"네. 그 사이에 주가지수는 크게 세 가지 패턴을 보일 거예요. 첫째 1800대에서 계속 유지될 수도 있고, 둘째 1000대로 떨어질 수도 있고, 셋째 3000까지 올라갈 수도 있겠죠."

김 과장이 냅킨에 그래프를 그리며 설명했다. 하나는 일직선으로 구불구불 이어지는 그래프, 다른 하나는 오른쪽 아래로 떨어지는 것, 세 번째는 오른쪽 위로 올라가는 것.

"그리고 이런 모양이 있을 수도 있어요. 이렇게 떨어졌다가 다시 올라가는 경우, 이렇게 올라갔다가 다시 떨어지는 경우! 아님 이렇게 올랐다 내렸다 지그재그로 난리 블루스인 경우!"

"아, 엄청 복잡해지려고 해요, 과장님!"

"자, 이런 건 사실 신경 쓸 거 없어요. 시장이 오르든 내리든 우리는 주구장창 일정 금액을 사기만 할 거니까요. 은재 씨가 가장 관심을 가져야 할 순간은 언제냐! 주가지수가 많이 올라서 목표로 하는 지점에 다다른 순간이에요. 그때 ETF를 팔아야 하기 때문이죠!"

"목표로 하는 지점이 어딘데요?"

"그건 그대가 정하는 만큼이겠죠. 수익률로 따져서 20%가 될 수도 있겠고, 지수로 따져서 코스피 지수 3000이 될 수도 있겠고요. 3년이 지났다고 무조건 ETF를 팔아선 절대 안 돼요. 수익률과 지수를 따져보고 지출 계획을 다시 점검한 다음 신중하게 팔아야 하죠."

ETF를 사기만 하는 게 아니었어? 팔기도 하는 거야?

"사는 것이 5%라면 파는 것은 95%쯤 더 신경을 써야 한답니다. 그건 나중에 설명해줄 테니 우선은 매달 꾸준하게 ETF를 사기만 하세요."

"네! 알겠어요. 매달 꾸준히 ETF에 투자하고, 주가가 오를 때까지 시간에 맡겨둔다!"

"얼추 비슷해요. 오늘 숙제는 다른 날보다 꼼꼼하게 했으면 좋겠어요. 전문 용어로는 '달러 코스트 애버리지(Dollar Cost Everage)'라고 해요. 그동안 펀드 수익률로 분석해놓은 것들이 많이 있을 테니 적립식 펀드의 장점과 단점에 대해서 공부해보도록 하세요. ETF도 적립식으로 투자하면 거의 똑같으니까요."

'달러 코스트 애버리지'를 다이어리에 메모했다. 적립식 펀드의 장점과 단점도 같이 적어두었다.

"네! 뭔가 중요한 부분이라는 걸 저도 알 것 같아요. 오늘은 더 열심히 숙제할게요. 술도 덜 깨셨는데 수업 빼먹지 않고 해주셔서 감사해요, 과장님!"

"저도 커피 잘 마셨어요. 하루 잘 보내요!"

"저, 저기요. 과장님!"

"응? 왜? 뭐가 남았어요?"

"저기, 사무실 들어가시기 전에 양치 한 번 더 하세요. 술 냄새 너무 많이 나요!"

"으악! 그래요? 수업 내내 고통스러웠겠네? 미안미안!"

"하하. 그 정도는 아니고요. 그냥 이런 컨디션으로 시간 내주셔서 감사하다 그랬죠 뭐."

"아유, 그러셨어요? 이젠 은재 씨가 나를 가지고 노는 구나 아주. 흐흐. 다음 수업 시간에 봐요. 아월비백! 우웩!"

오늘의 과제 달러 코스트 애버리지와 적립식의 장점에 대해 공부하라!

집에 오자마자 씻고 컴퓨터 앞에 앉았다. 검색창에 달러 코스트 애버리지를 치니 바로 사전이 뜬다. 아, 이런 거구나. 적립식 펀드의 장점과 단점도 쳐본다. 다들 비슷비슷한 이야기잖아. 아, 게시물 중에 아까 김 과장님이 그렸던 것과 비슷한 그래프들이 나오는 것이 있다. 적립식 수익률이 가장 높은 경우는 주가가 떨어졌다가 많이 오르는 V자형일 때라는 걸 알게 되었다. 쌀 때는 많이 사고, 비쌀 때는 적게 사게 되니까. 아, 그래서 매달 나누어 꾸준하게 적립하는 게 중요한 거구나. 한 번 읽고는 잘 이해가 되지 않아서 프린트를 해두었다. 가방에 넣고 다니면서 출퇴근길에 틈틈이 봐야지!

그리고 보니 오늘은 K 생각을 한 번도 안 했네! 달러 코스트 애버리지가 뭔지 그 녀석은 알까 몰라.

레슨 7. 적립식 투자의 마법

월스트리트 증권가에 한 유명한 펀드매니저가 있었습니다. 아무도 모르는 그만의 복잡한 투자 기법으로 손대는 종목마다 대박 행진을 이어갔습니다. 그런데 어느 날부터인가 그의 투자 공식이 조금씩 빗나가더니 이제는 더 이상 직장을 얻을 수 없는 지경에 이르렀습니다. 그는 절망에 빠져 고요한 인도로 가서 생을 마칠 작정을 했습니다. 인도로 간 그는 그곳에서 한 도인을 만나 함께 명상을 하며 마음을 잡았습니다. 그렇게 몇 년이 흘렀고 도인은 그에게 주식시장에서 살아남는 비법이 담긴 종이 한 장을 주고 홀연히 사라졌습니다. 그 종이에는 'B.L.A.S.H'라 적혀 있었습니다. 도무지 그 뜻을 알지 못한 전직 펀드매니저는 미국으로 돌아오는 비행기에서 드디어 그 뜻을 깨닫고는 무릎을 쳤다고 합니다.

'Buy Low And Sell High(싸게 사서 비싸게 팔아라)!'

1. B.L.A.S.H? 돈 벌기 생각보다 쉽군!

지난 시간까지 주식시장에서 안전한 투자 종목에 대해 알아봤습니다. 그렇다면 안전한 투자 방법은 무엇일까요? 바닥에서 사서 꼭지에서 팔면 대박입니다. 조금 욕심을 접고 안전하게 무릎에서 사서 어깨에서 팔라는 말도 있습니다. 그런데 문제는 어디가 무릎인지, 어디가 어깨인지 알 수 없다는 데 있습니다.

장기적으로 안정적인 수익을 낼 수 있는 주식 투자 기법으로 이미 검증된 방법이 있습니다. 바로 적립식 투자입니다. 주식이 오르든 떨어지든 상관없이 매월 일정한 날에 정해둔 금액만큼 주식이나 펀드를 매수하는 겁니다. 그렇게 되면 주가가 떨어졌을 때 더 많은 주식을 살 수 있고 오르면 더 적게 매입하게 돼 궁극적으로 평균 매수 단가가 낮아지는 효과를 볼 수 있습니다. 이를 '달러 코스트 애버리지'라 부릅니다.

2. 적립식 마법, 한번 확인해볼까?

그렇다면 과연 매월 일정 금액만큼 꾸준히 투자를 하면 매수 단가가 낮아져 일정 수준 이상의 이익이 보장될까요? 이에 대한 대답은 '반드시 그렇지는 않다'입니다. 단기적으로 주가 출렁이는 모양에 따라 이익이 날 수도 있고 손해를 볼 수도 있습니다. 하지만 주가 변동의 주기가 반복될 경우 차익 가능성이 커집니다. 매월 10만 원씩 투자한다고 가정하고 각각의 경우 수익률이 어떻게 나오는지 계산해보도록 하겠습니다.

❶ 기준가 1000원 → 하락 → 기준가 1000원(투자 기간 1년)

구분	1월	2월	3월	4월	5월	6월	7월	8월	9월	10월	11월	12월
기준가	1000	900	800	700	600	500	400	600	700	800	900	1000
좌수	100	111	125	142	166	200	250	166	142	125	111	100

• 총 투자액: 10만 원×12개월=120만 원

• 총 매입 좌수: 1738좌

• 연말 평가액: 1000원×1738=173만 8000원

• 수익률: (173만 8000원−120만 원)/120만 원=44.8%

❷ 기준가 1000원 → 상승 → 기준가 1000원(투자 기간 1년)

구분	1월	2월	3월	4월	5월	6월	7월	8월	9월	10월	11월	12월
기준가	1000	1100	1200	1300	1400	1500	1600	1500	1400	1300	1200	1000
좌수	100	90	83	76	71	66	62	66	71	76	83	100

• 총 투자액: 10만 원×12개월=120만 원

• 총 매입 좌수: 944좌

• 연말 평가액: 1000원×944=94만 4000원

• 수익률: (94만 4000원−120만 원)/120만 원=−21.3%

❸ 기준가 1000원 → 하락 → 상승 → 기준가 1000원(투자 기간 2년)

구분	1월	2월	3월	4월	5월	6월	7월	8월	9월	10월	11월	12월
기준가	1000	900	800	700	600	500	400	600	700	800	900	1000
좌수	100	111	125	142	166	200	250	166	142	125	111	100

구분	1월	2월	3월	4월	5월	6월	7월	8월	9월	10월	11월	12월
기준가	1000	1100	1200	1300	1400	1500	1600	1500	1400	1300	1200	1000
좌수	100	90	83	76	71	66	62	66	71	76	83	100

• 총 투자액: 10만 원×24개월=240만 원
• 총 매입 좌수: 2682좌
• 연말 평가액: 1000원×2682=268만 2000원
• 수익률: (268만 2000원−240만 원)/240만 원=11.7%

　위의 시뮬레이션 결과를 보면 주가가 1000원에서 V자형으로 내리다가 다시 1000원으로 돌아오는 경우에는 42%의 수익을 내지만 반대로 역 V자형으로 오르다가 다시 제자리로 오는 경우에는 −21% 손해를 보게 됩니다. 하지만 주가가 1000원에서 시작해 하락과 상승을 반복하다가 1000원으로 마감한다면 11% 정도의 수익이 나는 것을 확인할 수 있습니다. 구체적인 숫자는 실제 주가에 따라 다르겠지만 대체적인 방향은 확인할 수 있겠습니다.

3. 그래도 증시가 상승 추세를 보여야 남는다

ETF 적립식 투자를 하더라도 증권시장이 상승 추세에 있어야 높은 투자 수익을 기대할 수 있습니다. 만약 대세 하락장이라면 ETF 투자도 손해를 볼 수밖에 없습니다. 지난 30년간 종합주가지수를 살펴보면 1981년 1월 93.14포인트를 최저점으로 상승과 하락을 반복하는 심한 등락을 보이지만 그래도 우상향하는 상승 추세를 보이고 있습니다.

코스피가 장기적으로 상승 곡선을 그리는 이유는 우리 경제 규모가 그만큼 커지고 있기 때문이기도 하지만, 증시에서 끊임없이 부실기업을 퇴출시키고 우량기업을 편입시키기 때문이기도 합니다. 특히 ETF나 펀드가 벤치마크로 삼고 있는 코스피200지수는 한국 증시를 대표하는 200개 우량 종목을 지수화한 것으로 매년 심사를 거쳐 편입 종목을 교체하기 때문에 이러한 특징이 더욱 두드러지게 나타납니다.

거기에다 세계 경제 호황과 불황을 오고 가는 경기 순환 주기가 과거 3~5년에서 2년 정도로 짧아지고 있다는 사실도 적립식 투자에 유리한 환경을 제공해줍니다.

피 같은 내 돈!
하락장을
버티는 방법

"푸하하, 내가 은재 씨 저런 표정 짓고 있을 줄 알았어. 어쩜 처져 있는 입꼬리 각도까지 상상했던 거랑 똑같네. 완전 웃긴다!"

김 과장이 혀를 끌끌 차면서 걸어온다. 뭐가 웃긴지 싱글벙글이다.

"벌써 마이너스 5%란 말이에요, 과장님. 지난주 10% 올랐던 거 생각하면 손해가 무려 15%나 되는 거잖아요. 어떻게 해요, 흑흑."

"어머, 그걸 그새 확인했어요? 한 달에 한 번, ETF 살 때만 확인하라니까. 설마 매일 증권사 홈페이지에 접속하는 건 아니겠죠?"

"궁금해 죽겠는데 그럼 어떻게 해요. 공부 삼아 이런저런 상품들도 살펴보고, 요즘 증권사 홈페이지에서 30분에서 1시간은 노닥거리는 것 같아요."

"음, 그건 좋은 일이긴 한데, 1~2주 사이에 올랐네 내렸네 하며 마음 졸이는 건 좋지 않아요. 우리는 3년 이상을 보고 투자하는 거니까 너무 일희일비하면 지치거든요."

"머리로는 알겠는데 그게 잘 안 돼요. 어쩌면 좋죠?"

"내 이 여자 지난주에 팔짝팔짝 뛸 때부터 알아봤어. 하하. 돈 잃는 거에 연연하는 걸 보면 도박사는 못 되겠구만. 안 되겠어요. 다른 쪽으로 신경을 분산시켜야겠어요."

"네? 다른 쪽으로 신경을 분산시킨다고요? 어디로요?"

"어딘지는 이따 말해줄 거고요. 저 커피 줄래요? 오늘은 시원한 아이스 아메리카노로요."

"어머, 내 정신 좀 봐! 잠시만 기다리세요. 시럽은 반만 넣으면 되죠?"

"네. 시럽 안 넣은 아메리카노는 싫어 싫어! 난 달콤한 인생을 살고 싶거든."

황급히 아이스 아메리카노를 만든다. 김 과장은 옆에서 콧노래를 흥얼거리고 있다. 음, 괜찮은 건가? 어느새 마이너스가 된 ETF 생각은 잊히는 것 같다.

"여기요. 커피 드세요. 시럽 모자라면 더 넣으시고요."

"고마워요! 음, 내 입맛에 딱 맞네! 그럼 보답으로 '20대 꿈통장 ETF 3계명'을 알려드릴게요!"

"꿈통장 ETF 3계명이요?"

"네. 돈을 모으면서 명심할 세 가지 원칙 같은 거죠. 그것만 잘 지키면 재테크라는 게임에서 적어도 이번 판은 이길 수 있는 비책이에요."

"꼭 적어두고 명심할게요."

"그럼 알려줄게요. 첫째, 매달 일정액씩 꼬박꼬박 적립한다. 둘째, 시장이 오르든 내리든 상관하지 않는다. 셋째, 목표 수익률까지 기다렸다가 판다!"

"에이, 그게 뭐예요! 다 아는 이야기잖아요!"

"네, 다 아는 이야기에요! 하지만 실천하기는 어렵다는 사실! 은재 씨만 해도 지금 두 번째 원칙에서 헤매고 있잖아요."

"둘째, 시장이 오르든 내리든 상관하지 않는다."

"바로 그거예요. 우린 이제 고작 한 달 넣었을 뿐이잖아요. 한 달 새 100% 수익이 났다 해도 10만 원밖에 안 된다고요. 중요한 건 원금을 키워가며 수익률을 높이는 거죠."

"원금을 키워가며 수익률을 높인다."

다이어리에 메모해놓은 문장에 밑줄을 두 번 그었다. 정말 그렇네. 지금 아무리 많이 올라봐야 내가 가지고 있는 ETF는 5만 원밖에 안 된다. 지금은 좋아할 것도, 조바심 낼 것도 없는 시기야.

"맞아요. 수익률은 우리 마음대로 되는 게 아니지만 원금을 키우는 건 매달 꼬박꼬박 넣으면 가능하죠. 그렇게 잘 모아놓았다가 목표한 기간과 원하는 만큼 수익이 났을 때 환매하면 되는 거예요."

"목표한 기간과 원하는 수익!"

"응. 그러니까 떨어지면 많이 살 수 있다고 좋아하면 되는 거예요. 내가 존경하는 법륜 스님 말씀 중에 이런 말이 있어요. 추우면 옷 하나 더 껴입고 가고, 비 오면 우산 쓰고 가고, 더우면 옷 하나 덜 입고 가라고요. 뭐든지 좋게 생각하고 맞추라는 말씀이겠죠?"

"아, 알겠어요! 떨어지면 많이 살 수 있어서 좋다고 생각할게요. 마트에서 1+1 물건 발견하면 기분 좋잖아요. 그런 거나 마찬가지죠?"

"하하. 뭐 비슷하네요. 그렇지만 1+1이라고 마구 사대면 거지꼴을 못 면해요! ETF는 소비재가 아니니까 조금 더 사려고 시도해볼 수도 있겠지만."

"김 과장님 말씀 들으니까 마음이 좀 놓이네요. 사실 원금 손해 본 건 처음이라 이러다 내 돈 다 잃는 거 아닌가 걱정했거든요. 이제 코스피가 떨어져도 마음 놓고 돈을 넣을 수 있겠어요. 감사해요."

"아직 감사하긴 일러요. 지금처럼 조금 떨어지면 상관없지만 더 많이 떨어지면 롤러코스터를 탄 것처럼 버티기 힘들어질 거예요. 그때를 대비해서 안전벨트를 꼭 준비해둬야 해요."

"네? 안전벨트요? 그런 게 있어요?"

"네. 원금이 커질수록 꽉 잡아야 하는 안전벨트가 있죠. 그게 아까 말한 다른 데로 신경을 분산시켜주는 효과도 있을 거예요."

"우아, 그게 뭔데요? 말씀만 들어보면 꼭 필요한 것 같은데요?"

"좀 귀찮을지도 모르지만 지금부터 습관을 들여놓으면 앞으로 평생 써먹을 수 있는 안전벨트랍니다. 지금이 바닥인지 언제가 고점인지 알려면 시장 흐름을 잘 따라가야 할 테니까요. 나 몰라라 하고 있다가 좋은 기회를 놓쳐버릴 수도 있잖아요."

"우아! 그게 뭔가요? 많이 비싼가요? 매기 어려운가요?"

"음, 내가 알기로는 시장을 따라가는 가장 저렴한 방법들에 속해요. 적은 비용으로 얻을 게 많은 투자라고 생각해요. 처음엔 좀 어려울 수도 있겠네요. 하지만 멀리 내다보고 차근차근 마스터하면 아주 큰 자산이 될 거예요."

"네. 열심히 해볼게요. 가르쳐주세요."

"그건 경제신문을 읽는 거예요. 인터넷으로 볼 수도 있겠지만 나는 종이 신문을 보라고 추천하고 싶어요."

엥? 경제신문? 신문은 출근할 때 공짜로 보면 되는 거 아닌가? 난 그것도 귀찮아서 만화 면만 보는데……

"하하. 이 여자 또 머리가 복잡해졌어. 그냥 신문도 안 보는데 웬 경제신문? 인터넷으로 보면 되지 않나? 이러고 있죠?"

"족집게시네요. 솔직히 경제신문은 머리 아파요. 모르는 용어들도 엄청 많고 기업 기사들이랑 증권 얘기랑 부동산, 뭐 이런 것만 잔뜩 있을 거 아니에요."

"어어, 경제신문에 대해 생각보다 많이 알고 있네요? 그런데 어쩌죠? 그런 골치 아픈 것들을 읽으려고 경제신문을 보라는 거예요. 이건 ETF 투자만큼이나 장기적인 투자라고 생각하세요. 처음엔 하루에 서너 페이지 읽기도 버겁겠지만, 6개월만 투자하면 쉽게 읽을 수 있을 테니까요."

"휴, 생각만 해도 한숨이 나지만 좋은 점이 많다니 해볼게요."

"그래요. 어려운 것 있으면 나한테 물어보고요. 부자들 인터뷰한 거 보면 경제신문 안 보는 사람 거의 없어요. 부자들의 습관, 노트에 관한 책들 찾아보세요. 신문을 스크랩하는 분들도 얼마나 많은데요. 그 엄청난 부자들이 시간이 남아서 그러겠어요? 분명 부자되는 길이 거기 숨어 있는 거예요. 그걸 찾겠다는 생각을 가져요!"

"네! 열심히 해볼게요. 그럼 오늘 숙제는 '경제신문을 읽어라!'겠네요?"

"처음부터 덜컥 구독 신청하지 말고 퇴근길에 사서 대충이라도 읽어보도록 해요. 경제신문도 종류가 여러 가지 있으니까 두세 종류 사서 훑어보고 더 잘 읽히는 걸로 구독해도 늦지 않아요. 오늘 숙제는 좀 어렵겠네. 모처럼 열공하세요, 은재 씨!"

"네. 매일 신문 가판대를 지나치기만 했는데 오늘은 경제신문 사러 가봐야겠어요. 좋은 하루 되세요, 김 과장님!"

오늘의 과제 **경제신문 읽는 법을 배워라!**

퇴근길에 경제신문을 두 개 샀다. 에휴, 1면만 쓰윽 봐도 뭘 소린지 모를 기사들만 가득하다. 1개 면을 골라 모르는 단어에 밑줄을 치면서 읽다 보니 신문이 새빨개졌다. 이걸 매일매일 어떻게 읽으라는 건지……. 아이고, 이해가 안 되어서 못 읽겠다. 노트북 켜놓고 모르는 거 검색하면서 읽어야지. 엥? 경제용어사전? 이런 것도 있었어? 신문을 사전 찾아가면서 읽어야 하다니. 이건 뭐 토익 독해도 아니고. 흑흑.

앞부분은 그래도 열심히 읽었지만 뒤로 갈수록 성의가 없어진다. 신문 두 개를 대충 훑어만 봤는데도 두 시간 반이 걸렸다. 에휴, 힘들어. 둘 다 어려운 건 마찬가지지만 기사 끝에 용어 설명이 많이 달려 있는 A 경제신문이 더 나은 것 같다. 이번 주는 그냥 사서 보고 다음 달부터 구독 신청해야지!

레슨 8. 아는 만큼 보인다 - 경제신문 읽기

안녕하세요, 허 옵빠입니다. 갑자기 경제신문을 보라니까 제가 영업사원 같죠? 적립식 방법으로 ETF 투자를 해나간다면 시장 상황을 일일이 체크하고 일희일비할 필요는 없습니다. 하지만 제법 목돈이 된 뒤 환매할 때는 1년에서 6개월 전부터 그 시기를 잡기 위해 경기나 증시 전망에 대해 집중해야 하지요. 그때 필요한 것이 경제신문입니다. 경제신문만 제대로 읽는다면 직접 경제지표를 분석할 수는 없겠지만, 전문가가 풀어내는 경제 전망을 나름대로 해석할 수 있는 수준은 될 수 있기 때문입니다. 경제신문 죽어라 10년간 읽은 남자로서 핵심 비법 세 가지를 전수해드립니다.

1. 경제신문은 너무 어렵다고요?

외환위기 이후 경제에 대한 관심이 높아져 경제를 따로 배우지 않은 일반 직장인들은 물론 취업을 준비하는 대학생, 심지어 고등학생까지 경제신문 읽기 열풍이 불었지만 사실 경제신문을 처음부터 끝까지 막힘없이 넘기기는 쉽지 않지요.

처음 몇 달 동안은 신문 전체를 제목 위주로 훑어보는 걸로 시작하세요. 일단 1면은 기사까지 다 읽고 그 기사에 딸린 관련 기사도 챙겨 봅니다. 뭔가 숨겨진 사연이 많다는 뜻이니까요. 나머지는 관심이 가는 기사 중심으로 읽어나갑니다. 경제신문이 어렵다고 느껴지는 첫 번째 이유는 용어 때문인데요. 경제용어사전이나 인 터넷을 켜놓고 모르는 단어가 나오면 바로바로 찾고 필요하면 따 로 필기를 해놓으세요. 주요 이슈가 되는 용어는 한동안 계속 반 복해서 나오기 때문에 몇 가지만 체크해놓으면 금방 익숙해질 것 입니다.

2. 증권 면은 한 번 읽고, 기업 면은 세 번 읽어라

주식 투자 성공은 50%는 정보에, 나머지 50%는 타이밍에 달려 있습니다. 아무리 틀림없는 정보라도 타이밍이 늦으면 아무런 쓸 모가 없습니다. 경제신문에서 주식이나 부동산 투자 힌트를 얻고 자 한다면 반드시 기억해야 하는 말입니다.

경제신문에는 증권 면이 보통 3~4페이지에 걸쳐 있습니다. 그 날의 시황과 유가증권시장 종목, 그리고 코스닥시장 등 종합 일간 지에 비해 상당히 많은 양의 정보를 담고 있습니다.

하지만 경제신문 증권 면을 보고 투자 결정을 하면 절대 안 됩 니다! 오늘 신문에서 본 기사는 이미 하루가 지난 정보이기 때문 입니다.

그럴 거면 왜 경제신문을 보냐고요? '숨어 있는 타이밍 정보'를 읽기 위해서입니다. 보석 같은 정보는 기업 뉴스를 직접 다루는 산업 면이나 금융, 부동산, 유통, 중소기업 면 등에 꼭꼭 숨어 있습니다. 어느 걸출한 투자가는 1단짜리 제일 짧은 기사 한 줄에서 1년 먹을거리를 건진다고 하더군요. 그런 내공이 쌓일 때까지 우리는 경제 흐름을 따라가며 향후 추이를 예상해보는 걸로 만족합시다.

3. 나만의 투자 멘토, 경제신문에서 찾아라

그렇다면 증권 면에서는 건질 만한 기사가 전혀 없는 걸까요? 많은 투자자들은 종목 기사에 관심을 집중하지만 그보다 경기 흐름을 파악하고 시황 예측 기사를 눈여겨볼 필요가 있습니다. ETF 적립식 투자자라면 특히 환매할 때 주의를 집중하세요.

증시 전망 기사를 읽을 때 주의해야 할 점은 커다란 제목에 현혹되지 말아야 한다는 것입니다. 보통 신문지면에서 전망 기사는 주요 리서치 센터장들 의견을 받고 이를 증권기자가 종합해서 기사를 작성합니다. 여러 명의 애널리스트들은 목표 주가나 주도 업종에 대해 방향이 비슷할지라도 목표 수치가 정확하게 일치한다든지, 그 근거가 같다든지 하지는 않을 것입니다. 하지만 기사는 이들 의견 중 많이 나온 멘트나 업종에 초점을 맞춰 인기투표식으로 작성됩니다. 헤드라인은 그중에서 가장 눈에 띌 만한 내용을 입에 짝짝 붙는 표현을 더해 쓰게 됩니다. 예를 들어 증권 전문가 10명 중 7명이 증시가 오를 거라 전망을 하고 나머지 3명이 급락이 있을 거라 예측했을 경우를 가정해본다면, 기사는 당연히 오르는 데 초점을 맞춰서 작성될 것입니다. 하지만 전문가 70%가 상승장을 말했다고 해서 실제 증시가 오를 확률이 70%라는 것은 아니죠.

그렇다면 증시 전망 기사는 어떻게 읽어야 될까요? 어느 증권사의 누가, 어떤 근거로, 어떤 전망을 했는지 주의 깊게 보세요. 그리고 6개월이나 1년 뒤에 어느 증권사 누구의 전망이 맞았는지 확인해보면 슬슬 감이 오기 시작할 것입니다. 이렇게 증권사나 전문가들에 대해 나름대로 트랙 레코드를 쌓아가다 보면 멘토로 삼을 만한 진짜 실력자를 찾을 수 있고, 동시에 우리 증시에 중요한 영향을 미치는 경제 변수를 꼽을 수 있게 됩니다. 그리고 실제 ETF 환매를 하기 전에 멘토의 시장 전망과 중요 경제 변수를 잘 살피면 그 시점을 잡는 데 도움이 될 것입니다.

적립식 펀드와 ETF의 한판 승부

서연이 이야기

"은재야, 여기 여기!"

회사 문을 나서자마자 서연이가 부른다. 이게 얼마 만이냐. 동화책 마감이 자꾸 늦어져서 한 한 달은 못 만난 것 같다.

"휴, 오래 기다렸어? 서점 순례는 다 끝내고 온 거야?"

"엉! 내 새끼들 신간 코너에 예쁘게 잘 진열되어 있더라. 많이 팔려야 할 텐데. 흑흑!"

"에구, 고생 많으셨어! 맛있는 거 먹으러 가자. 내가 살게!"

"그래그래, 니가 사라. 고기 먹자, 고기! 얏호, 신난다!"

회사 근처 시장 통에 있는 집으로 갔다. 지난번에 같이 왔을 때 서연이가 좋아했던 곳이다. 맛깔난 김치에 싱싱한 굴, 담백한 고기와 낙지초무침이 푸짐하게 나온다. 그래, 오늘 일도 많았는데 몸보신 좀 하는 거야. 고고고!

"어? 김 과장님이 이 시간에 웬일이지?"

"왜? 회사에서 전화 왔어? 받아, 받아!"

"네, 과장님! 저 회사 근처 보쌈집이요. 네? 친구랑요. 아, 그러세요? 잠시만요."

어, 어, 갑자기 김 과장님이 보자는데 무조건 안 된다고 할 수도 없고. 이거 난처하네.

"서연아, 너 혹시 지금 우리 회사 김 과장님이랑 같이 밥 먹어도 괜찮니?"

"엥? 김 과장? 어머, 이거 말로만 듣던 몰래 소개팅이구나? 못 이기는 척 합석하면 되는 거야? 아우 지지배, 미리 말을 했으면 좀 예쁘게 하고 나왔을 거 아니니?"

"이런, 미친! 김 과장님 여자거든? 우리 회사에 괜찮은 남자 멸종했거든?"

"쳇, 뭐야! 잘 아는 언니야? 사석에서 만나도 될 만큼?"

"응, 정말 좋은 언니야. 너도 만나면 좋아할 거야. 오시라고 해도 돼?"

"그래, 보쌈 3인으로 바꿔야겠네? 언니, 여기요!"

"안녕하세요, 은재 씨 회사 선배예요. 남자가 아니라서 죄송합니다!"

"크크. 아까 한 얘기 들으셨어요? 안녕하세요, 박서연입니다. 은재랑은 중학교 때부터 친구예요."

"네. 엄청 의리파시고 재테크를 그렇게 잘하신다고 은재 씨한테 들었어요. 갑자기 사석에 끼어들어서 죄송합니다. 사정이 좀 급해져서요."

"아니에요. 저도 은재 재테크 과외 선생님이시라고 해서 한번 뵙고 싶었어요. 저희 보쌈 시켰는데 괜찮으시죠?"

"그럼요. 저 여기 보쌈 좋아해요. 맛있게 많이 드세요. 불청객인 제가 살게요!"

"아, 그럼 너무 죄송하죠. 제가 서연이 사주려고 왔으니까 언니도 같이 드세요."

"와, 보쌈 나온다! 일단 먹고 이야기하죠! 저 아까부터 너무 배고팠거든요."

"그래, 그래요. 자, 은재 씨도 얼른 먹어요. 완전 맛있겠다!"

잘 삶아진 돼지고기가 입 안에서 녹는다. 굴을 많이 넣고 담근 김치에 싸서 먹으니 술 한잔 생각이 절로 난다. 낙지초무침이 입맛을 돋우고 같이 나온 계란찜이 매운맛을 없애준다. 아, 내가 완전 사랑하는 보쌈! 결국 못 참고 소주를 한 병 시킨다. 입 안 가득 보쌈을 오물거리던 김 과장님과 서연이가 잘했다고 엄지를 추켜올린다. 다들 한잔 생각이 난 거야? 후후.

"자자, 잔들 채우셨으면 짠 하시죠!"

"첫 잔은 원샷입니다. 김 과장님 준비되셨어요?"

"당근이죠! 내가 나이를 먹긴 했지만 지금까지 받은 잔을 물린 적은 없다오!"

"오, 이런 분위기 너무 좋아요, 언니! 자 우리 건배해요. 건배사 는 뭘로 할까요?"

"원더불, 어때요? 원하는 만큼 더 크게 불려나가자! 너무 노티 나나? 흐흐."

"오, 좋아요, 좋아요. 자 우리의 인연을 감사하며, 원더불!"

"원더불! 크크."

으, 달다 달아. 맛있는 안주와 좋은 사람들과 함께 하니 술도 달 구나. 서연이랑 과장 언니도 즐거운 눈치다. 잔이 비워지기가 무섭 게 다시 채워진다. 그리고 또 건배! 아, 맛있는 보쌈! 아줌마 여기 소주 한 병 추가요, 김치랑 굴이랑 고기도 추가해주세요!

"얼! 서연 씨 대단하다. 그렇게 일찍부터 투자해야겠다고 생각한 이유가 뭐에요? 재테크 목표 같은 게 있었을 거 아니에요."

"제가 전문대 나와서 출판사 알바부터 시작해 지금 회사에 취업 했거든요. 다시 대학도 가고 싶고 출판 일에 재미가 붙고 이쪽 인 맥도 쌓여가니까 일을 평생 하고 싶더라고요. 그런데 사실 이 회사 가 결혼해서 아이 낳고도 오래 일할 수 있는 환경은 아니거든요. 나중에 1인 출판사 같은 걸로 독립하고 싶어서요. 그러려면 종잣돈이 있어야 하잖아요."

앗, 절친인 나도 처음 듣는 이야기다. 올해부터 방송통신대학 강의를 듣고 있는 건 알았지만 1인 출판사? 그건 창업이나 마찬가지잖아. 서연이는 벌써 저런 생각을 가지고 있었구나!

"맞아 맞아! 잘하고 있는 거예요. 그렇게 실력을 쌓고 인맥도 잘 만들어두고 종잣돈 모으다 보면 언젠가 꿈이 이루어질 거예요! 야, 서연 씨 진짜 멋지다!"

"헤헤. 적립식 펀드에 몇 년 투자하면서 20%씩 손해 본 적도 있고 30% 수익난 적도 있지만, 지금은 그냥 꾸준히 인덱스 펀드 적립하고 있어요. 액티브 펀드도 해보고 차이나니 브릭스니 이것저것 해보기도 했는데, 수수료만 비싸고 수익률이 꼭 좋은 것만은 아니더라고요."

액, 액티브? 차이나? 브릭스? 저건 다 뭔 소리다냐. 나한테는 30% 수익 났다고만 하더니?

"지금 생각해도 후회되는 건 2008년 금융위기 때 몇 달 동안 불입을 중단한 거예요. 그때 코스피가 900대였는데, 지금 생각하면 바닥인데 그땐 정규직도 아니고 진짜 겁이 덜컥 나더라고요! 계속 넣었으면 좀 더 짭짤했을 텐데!"

"아우, 그땐 다들 패닉이 극에 달했을 때잖아요. 저도 일단 관망하면서 현금 비중을 늘렸어요. 우리 같은 개인 투자자들은 무릎에서 사고 어깨에서 파는 게 맞는 것 같아요. 너무 욕심을 내면 오히려 해가 되지 않겠어요? 대신 계속 노력해서 시장을 보는 눈을 키워야겠죠."

"네! 저도 요즘 뼈저리게 느껴요. 그래서 경제신문도 읽고 재테크 카페와 고수들의 경제 블로그도 꼼꼼히 보고 있어요. 처음에는 무슨 소리인지 모르겠더니 이제 3년쯤 되니까 경제 주기와 버블 이론도 이해가 좀 되더라고요."

"와! 그 정도면 고수네요, 고수! 은재 씨 친구라고 해서 조언할 게 있으면 해드리려고 했더니 제가 오히려 배워야겠는걸요? 자주 가는 경제 블로그 있어요?"

"네. 매일 경제 차트 분석해주는 곳하고요, 이번 유럽 재정위기 예측과 분석을 특히 잘한 블로그랑 또⋯⋯."

혁! 나는 아까부터 보쌈 고기만 깔짝거리고 있다. 배는 부르고 취기도 적당히 올랐는데 두 사람이 나누는 대화에 끼어들 수가 없다.

저건 다 무슨 소리다냐! 서연이는 벌써 경제신문을 3년째 읽고 있었어? 난 아직 구독 신청도 안 했는데? 경제 블로그는 또 뭐람? 요리, 여행, 패션 블로그 말고 경제 이야기를 쓰는 블로거도 있구나! 나 자신이 초라해지는 이 느낌은 뭐지? 두 사람은 어려운 이야기 하느라 나는 아웃오브안중이다.

"인덱스 펀드가 수수료도 싸고 다 좋은데, 나는 요즘 개인적으로 ETF를 추천해요. 적립식으로 투자한다는 가정하에 ETF가 펀드보다 좋은 점이 세 가지쯤 있는 것 같더라고요."

"그래요? ETF는 왠지 겁나서 안 해봤는데……. 요즘 재테크 카페에 많이 올라오긴 하더라고요. 저도 이참에 ETF 공부 좀 해야겠는데요? 어? 은재 취했나보다. 아예 엎드려 자구 있네! 우리가 너무 어려운 이야기만 한 것 같아요, 과장님."

"어? 진짜네! 은재 씨, 은재 씨! 그만 일어나요. 나도 이제 들어가 봐야겠어요."

"어, 서연아 액티브 얘기 끝났어? 과장님 들어가시게요? 그럼 오늘 숙제는 'ETF가 펀드보다 좋은 세 가지 이유를 알아 와라!'인가요?"

"네? 푸하하하. 취해서 자는 줄 알았더니 다 듣고 있었어요? 은재 씨 완전 귀엽다. 그래요. 오늘 숙제는 'ETF가 펀드보다 좋은 세 가지 이유를 알아 와라!'로 합시다! 다음 수업까지 알아 오세요. 취해서 기억이나 할지 모르겠지만!"

"당근 기억하죠. 저 하나도 안 취했어요! 숙제도 다 할 거고, ETF도 살 거고, 경제신문도 구독할 거예요!"

"은재가 정말 공부 열심히 하고 있나 보네요? 흐흐. 재테크는 관심 없는 친구라 저도 이런 이야기는 거의 안 했거든요. 김 과장님 덕분이에요."

"저도 많이 배우고 있어요. 은재 씨는 좋겠네요, 서연 씨 같이 좋은 친구가 있어서. 만나서 반가웠어요. 가요. 택시 잡아줄게요. 오늘 저녁은 제가 사겠습니다!"

"아, 안 그러셔도 되는데……. 잘 먹었습니다. 제가 은재 데려다 주고 갈게요. 조심히 들어가시고 또 뵈요. 다음엔 제가 맛난 밥 살게요!"

"그래요, 나도 즐거웠어요. 불청객 받아주고 같이 수다 떨어줘서 고마워요."

서연이가 집까지 데려다주고 갔다. 그렇게 많이 마시지도 않았는데 왜 벌써 취했지? 우울해서 그랬던 것 같다. 다른 사람들은 열심히 미래를 계획하며 살고 있는데 나만 멍청하게 살고 있었던 것 같은 느낌이랄까?

아까 김 과장과 서연이가 나누는 대화의 반도 못 알아들었다. 나랑 만날 땐 연예인, 가방, 화장품 이야기만 하더니 아깐 완전 재테크 고수 같았어. 나도 열심히 공부해서 서연이랑 재테크 이야기를 자유롭게 주고받을 테다! 아, 맞다. 내가 꿈꾸는 미래와 이루고 싶은 꿈 이야기도 함께!

한참 누워 있었는데도 잠이 안 와서 컴퓨터를 켰다. 서연이가 하고 있는 인덱스 펀드와 내가 하고 있는(이제 고작 2주밖에 못 샀지만) ETF 중 뭐가 더 좋은지 알아봐야지. 인덱스 펀드도 수수료가 저렴하지만 ETF는 더 싸구나. 오래 투자할수록, 투자금액이 커질수록 수수료 부담이 적은 게 좋지! 아, 인덱스 펀드는 환매 제한이 있네? 가입하고 3개월 안에 팔면 수익금 중 일부를 손해 보네? ETF는 그날 사고 그날 팔아도 되는데. 아, 물론 나는 장기투자를 할 거지만!

아까 서연이가 말한 액티브 펀드를 검색해 본다. 펀드매니저가 다양한 종목을 선택해서 인덱스 펀드보다 높은 수익률을 추구하는 펀드란다. 그런데 인덱스 펀드가 더 높은 수익을 올렸다는 뉴스들이 여럿 보이네?

아, 그렇구나! ETF는 수수료가 비싼 액티브 펀드처럼 다양하게 투자할 수가 있어. 인덱스 펀드에 가입하고 있어도 자동차나 반도체처럼 업종별이나 그룹별로 투자하고 싶다면 ETF를 활용하면 되는 거구나.

앗싸, 오늘의 숙제 완료!

ETF가 적립식 펀드보다 좋은 세 가지 이유

1. 수수료가 훨씬 더 저렴하다

2. 환매 제한이 없어 시장에 대응하기가 쉽다.

3. 소액으로도 시장 전체에 분산투자할 수 있다

허 옵빠의 쓰리포인트 레슨

레슨 9. ETF가 펀드보다 좋은 점

지난 시간에 ETF는 일반 주식과 마찬가지로 증시에서 사고팔수 있는 펀드라고 배웠습니다. 또 주식 계좌를 만들고 직접 주문을 내서 매수하는 방법까지 알아봤습니다. 그런데 이쯤에서 이상한 점 하나를 집어내는 우등생이 있을 수 있습니다. ETF도 어차피 펀드라면 그냥 증권사에 가서 잘나가는 상품 하나 골라서 편하게 사면 되지 왜 복잡하게 HTS를 다운받아서 매수 주문을 내고 체결되는지 확인하는 것일까 궁금할 것입니다. 그럼 이번 시간에는 ETF가 은행이나 증권사에 가입하는 펀드에 비해 어떤 장점이 있는지 알아보도록 하죠.

1. 비용이 저렴하고 언제든 찾고 싶을 때 팔 수 있다

ETF와 펀드를 비교할 때 가장 먼저 꼽는 장점은 투자 비용이 적게 든다는 것입니다. ETF도 펀드의 성격을 가지고 있기 때문에 운용하는 데 수수료가 듭니다. 하지만 수수료가 일반 펀드는 2~3%, 인덱스 펀드는 0.7~1.6% 정도인 데 반해 ETF는 0.22~0.5% 정도로 수수료가 훨씬 저렴합니다. 게다가 ETF시장 규모가 급격하게 커지면서 자산운용사들의 수수료 경쟁도 치열해지고 있는 상황이라 수수료 인하 행진은 당분간 이어질 것으로 예상됩니다.

비용 측면에서 또 하나의 장점은 중도 환매 수수료가 없다는 것입니다. 일반 펀드의 경우 가입 이후 보통 3개월 이내에 환매하는 경우 수익금의 70%를 뱉어내야 하고, 경우에 따라서는 6개월 이내에 환매하는 경우에도 수수료를 따로 내야 합니다. 하지만 ETF는 주식과 같이 사고팔 수 있기 때문에 아무런 제약 없이 환매할 수 있습니다.

단 ETF는 매매하는 데 있어서 주식과 같은 성격을 가지고 있기 때문에 주식처럼 매매 수수료 0.015~0.5%를 부담해야 합니다.

2. 그래도 수익률이 중요한 것 아닌가요?

펀드 수수료가 조금 비싸도 수익률이 그것보다 더 높게 나온다면 당연히 펀드를 택하는 게 정답입니다. 신문의 증권 면을 보다 보면 정기적으로 펀드 수익률 점검 기사가 나옵니다. 기사와 함께 소개되는 펀드 수익률 표를 꼼꼼히 살펴보면 언제나 상위 펀드 대부분 코스피 수익률보다 좋은 성적을 내고 있는 것을 확인할 수 있습니다. 그렇다면 ETF보다 일반 주식형 펀드에 투자하는 것이 수익률 측면에서 유리하다고 볼 수 있을까요?

여러분이 그냥 1년 정도 투자할 거라고 생각하고 있다면 좋은 펀드를 잘 고르면 오케이입니다. 하지만 최고 3~5년 정도 꾸준히 투자해서 목돈을 마련하고자 한다면 한 가지 더 생각해봐야 합니다. 작년의 1등 펀드가 올해도, 또 내년에도 잘될까?

미국의 경우 연도별 수익률 상위 100위권에 올라 있는 펀드가 다음 해에도 상위 100위권 안에 오를 확률은 10~20% 정도라고 알려져 있습니다. 우리나라의 경우 펀드의 절대적인 수익률을 살펴보면 국내 주식형 펀드 1303개 가운데 1~3년, 그리고 5년 실적이 코스피 수익률을 넘어서는 상품은 80여 개로 6% 정도에 불과합니다. 내가 고르고 고른 펀드가 비싼 수수료 이상의 수익을 내기는커녕 오히려 그보다 못한 성적으로 뒤통수를 칠 가능성이 매우 높다고 할 수 있겠죠.

3. 펀드 운영이 투명해서 좋다

많은 사람들이 '나는 주식에 대해선 잘 모르니까 내 돈을 대신 잘 굴려주세요'라는 마음에 펀드 가입을 합니다. 일단 속 편하게 돈을 맡기기는 했는데 내가 산 펀드에 어떤 종목이 주로 편입됐는지 궁금할 때 당장 이를 확인할 길이 없습니다. 6개월에 한 번 집으로 배달되는 운용 보고서를 통해 알 수는 있겠지만(정확하게는 50일 후에 공개됩니다), 마치 비행기 사고가 난 뒤에 블랙박스를 열어 확인하는 정도의 절차에 지나지 않습니다.

여기에 더해 펀드에는 매매 과정에서 또 다른 불확실성이 있습니다. 펀드는 지금 매수 매도 신청을 한다고 해서 현재 가격으로 사고팔 수 있는 게 아닙니다. 해약하는 경우 오후 3시 이전에 해약하면 내일 아침 기준 가격으로 3일 뒤에 출금할 수 있고, 3시 이후에 해약 신청을 하면 모레 아침 기준 가격으로 3일 뒤에 돈을 찾을 수 있습니다. 해외 펀드는 이것보다 더 늦어져 3~4일 이후 기준 가격으로 결정됩니다. 만약 주가가 급락하는 시기라면 하루 이틀 사이에 수익률이 10% 이상 더 나빠질 위험이 있습니다.

하지만 ETF는 주식과 같이 매매를 할 수 있어 매순간 정해지는 가격으로 사고팔 수 있기 때문에 더 매수해서 보유 후 매도하는 전 과정이 투명하게 이루어집니다.

저점에서 쏜다,
추불의 기술

김 매니저 이야기

"은재 씨, 요즘 노트북 자주 들고 다니네?"

헉, 재수탱이 김 매니저다! 개그콘서트 '발레리노'의 선생님 말투로, "우리는 회사의 얼굴입니다"를 입에 달고 살며 유니폼, 헤어스타일, 액세서리, 손톱 길이까지 잔소리를 늘어놓는 참견 대마왕!

"아, 네! 매니저님. 업무 시간에는 일체 하지 않습니다. 지금처럼 점심시간에 잠깐씩 체크할 게 있어서요!"

"혹시 주식해?"

"아니요! 주식은 무슨! 절대 아닙니다."

"아까 슬쩍 보니까 증권사 HTS 열려 있던데?"

그건 또 언제 본 거야? 남이사 뭘 하든 말든! 하여간 오지라퍼!

"아, 네! 월급날마다 적립하는 펀드가 있어서요."

"오, 은재 씨 펀드도 해? 대단하네! 무슨 펀드인데?"

왜 갑자기 친한 척이람! 거기다 펀드 이름은 왜 묻고 난리야?

"그냥, 코스피200 추종하는 ETF를 조금씩 사고 있어요."

"그냥 펀드도 아니고 ETF를? 은재 씨 그렇게 안 봤는데 재테크 고수였네?"

재테크 고수라는 말에 조금 어깨가 으쓱하다. 당연하지. 내가 얼마나 열심히 공부했는데!

"고수는요, 이제 시작한걸요. 계속 열심히 공부하고 있어요. 아, 업무 시간엔 절대 안 하니까 걱정 마세요."

"요즘 아침 근무도 부지런해지고 표정도 밝아졌다 했더니……. 다시 봤어요, 은재 씨! 아, 시간 괜찮으면 커피 한 잔 할래?"

헉, 커피? 이거 이거 작업 아니야? 당신 애도 둘이나 있잖아!

"하하, 그런 표정 짓지 말아줘! 내가 해주고 싶은 이야기도 있고 열심히 일해줘서 윗분들이 칭찬도 하고 해서 그래. 잠깐 커피 한 잔 해!"

뭐, 저렇게까지 말하는데 커피 한 잔 해줄까나. 참견 대마왕이 오늘따라 친절한 게 수상하긴 하지만…….

"그러니까 매달 월급날 정액 적립식으로 ETF를 사 모은다 이거지?"

"네! 제가 아직 초보라서 공부한다는 마음으로 가장 기본이 되는 코스피200 상품에 소액으로 적립하고 있어요!"

"그것도 좋은 방법이지. 은재 씨는 혼자 쓰니까 현금 흐름도 일정할 테고, 아직은 초보라 종목이나 섹터별로 전망하기도 쉽지 않을 테니까!"

종목? 섹터? 뭐, 뭐냐, 이 고수의 기운은! 참견쟁이 오지라퍼 잔소리 대마왕이 왜 달리 보이는 거냐!

"하하, 우리 이런 얘기는 처음이지? 사실 난 거의 10년 동안 펀드를 해왔어. 아이도 둘이나 되고, 월급은 거기서 거기고, 회사에선 40대가 되면 위태로운 게 빤히 보이니 어떻게든 그 전에 경제적 자립을 하고 싶었거든. 처음엔 나도 은재 씨처럼 정액 적립식으로 주구장창 밀고 나갔지. 반토막이나 손해도 보고 두 배로 벌기도 하고!"

헉, 반토막! 원금의 두 배!

"와, 10년이나요? 전혀 몰랐어요!"

"회사에선 일에 집중해야 하니까 티 나면 안 되지. 우린 회사의 얼굴이잖아. 고객사와 계약을 유지하기 위해선 아주 작은 부분까지 신경을 써야 한다고! 펀드는 한 번만 자동이체 해두면 되니까 신경 쓸 필요 없이 일에 집중할 수 있었어."

또 나오셨다. 그놈의 '회사의 얼굴' 스토리. 매일 들을 때는 지겨웠는데 사실 따져보면 맞는 말이긴 하다.

"몇 년간은 정액 적립식으로 종잣돈을 모으는 게 맞아! 나는 어느 정도 종잣돈이 모이면 쓸 수 있는 비법을 알려줄까 해서 커피 마시자고 한 거야.”

“네? 비법이요?”

“응, 비법이랄 것까진 없지만 그래도 알아두면 요긴하게 써먹을 날이 올 거야. 그때까진 열심히 공부하고, 시장과 경제 주기 보는 공부를 해둬야겠지. 새로 나오는 경제 서적도 찾아서 읽어두는 게 좋아. 앞으로는 경제 독해력이 점점 더 중요한 시대가 올 거야! 내 비법은 말이지, 그게 벌써 7년 전으로 거슬러 올라가는데 말야!”

무려 7년 전이라니! 에휴, 일장 연설 좋아하는 김 매니저, 비법 나오려면 한참 걸릴 기세!

“오우, 김 매니저님 다시 봤네! 딱딱하고 고지식한 원칙주의자인 줄 알았더니! 흐흐.”

전날 야근을 했는지 퉁퉁 부은 얼굴에 눈도 제대로 못 뜬 김 과장이 커피를 홀짝이며 말한다.

“그러게 말이에요, 과장님. 저도 갑자기 커피 마시자고 해서 놀랐는데 줄줄이 나오는 이야기는 더 충격이었어요. 초보인 제가 보기에도 보통 내공이 아니었다니까요.”

“그래서 그 비법이란 건 제대로 전수받고 온 거예요? 오늘 수업은 내가 아니라 은재 씨가 해야겠네!”

“네. 제 종잣돈이 모이면 꼭 써먹어 봐야겠다는 생각이 들었어요. 지금이야 분산할 만큼 큰 돈도 없고 단기에 안정적인 10% 수익을 노릴 건 아니니까 다음에 꼭 해보려고요."

"어, 중급 코스인 은재 씨가 이미 고급 코스를 다 배워버린 느낌이 드는데?"

"그런가요? 헤헤. 그 비법이라는 게 말이죠, 뭐냐면요……."

"나 이렇게 눈 못 뜨고 있어도 귀는 열어두고 있으니까 말해요, 말해!"

"몇 년 전에 김 매니저님이 연금펀드 가입하러 증권사에 갔다가 어떤 할아버님이랑 둘이 같은 엘리베이터에 탔었대요. 그분이 김 매니저님을 위아래로 훑어보시더니, '주식해?' 하고 물어보셨대요. 아니라고, 연금펀드 들려고 왔다고 했더니 그분이 자기는 한국전쟁 이후로 돈을 잃은 적이 없다고, 묻지도 않은 말씀을 하시더래요."

"와, 대단하시다. 한국전쟁 이후라면 무려 50년이 넘잖아! 완전 갑부신가 본데?"

"행색은 초라하셨대요. 그 왜 정주영 회장님이 입으시는 것 같은 작업복 점퍼 입으시고 뒤축이 낡은 구두 신으시고."

"크크, 어떤 차림인지 알겠어. 진짜 알부자들은 절대 허투루 돈 안 쓰지. 우리 동네에도 목숨 걸고 폐지 주우시는 할머니가 있는데 그분 집이 몇 채나 된다나 봐! 그래도 매일 새벽까지 폐지 주우러 다니시더라고. 그래서?"

"김 매니저님 보기에도 예사 분은 아니다 싶어서 마침 점심 때라 설렁탕 한 그릇 대접하면서 이야기를 들었대요. 그분 왈, 자기는 관심 가는 종목을 스무 개쯤 찍어서 1주씩 사놓고 1년쯤 지켜본대요. 그리고 내 돈이 들어가 있으니까 그 기업에 대해 열심히 공부한대요. 그렇게 1년쯤 지났을 때 충분히 좋은 기업인데 주가가 20~30%씩 빠져 있으면 두세 종목에 목돈을 투자한다고 하더라고요."

"오, 좋은 전략이네. 1주씩 샀다면 손해가 나도 크지 않을 거고 공부는 공부대로 할 수 있고. 그 종목의 추이를 꿰고 있다는 거니까 저점에서 싸게 살 수 있는 추가불입의 기술이구만!"

"역시, 김 과장님 보시기에도 그렇죠? 김 매니저님은 저한테 ETF를 그렇게 해보라고 권하시더라고요. ETF도 다양한 종류가 있다면서요. 금도 있고 원유도 있고 반도체나 바이오도 있고. 그런 것들을 1주씩(ETF의 가장 큰 장점이 주식처럼 조금 살 수 있다는 거니까요) 사두고 가격이나 경기 변동에 따른 변화를 잘 공부해두라고. 학원비 내는 셈 치고요!"

"좋아 좋아! 그 정도면 오늘 수업은 다 끝난 것 같은데?"

"엥? 벌써요? 김 과장님은 듣기만 하셨잖아요!"

"원래 좋은 선생님은 학생 스스로 공부하게 하는 선생님이라고요. 요즘 유행하는 자기 주도 학습 몰라요? 아, 오늘의 숙제는 그거예요. 다양한 ETF 종류에 대해서 공부하라! 몇 가지 ETF를 선택해서 포트폴리오를 짜보는 것도 좋겠네요."

"그건 어렵지 않을 것 같아요. 지난번에 ETF 처음 살 때 공부했었거든요!"

"역시, 우등생 은재 씨! 흐흐. 난 이제 가서 10분이라도 자고 업무 시작해야겠어. 내가 다루는 업무는 회사의 얼굴…… 은 아니지만 뇌세포 100개 정도는 되니까! 크크. 생각할수록 김 매니저님 짱이다."

"어, 숙제 검사도 안 하고 가세요? 그때 보쌈집에서 냈던 숙제요!"

뒤도 돌아보지 않고 김 과장이 손을 까딱까딱하며 말한다.

"아까 커피 내려주는 동안 검사했어요! 은재 씨 재테크 다이어리를 참고하삼!"

펀드보다 ETF가 좋은 세 가지 이유를 적어놓은 다이어리에 김 과장이 써놓은 코멘트가 보인다.

'이제 혼자서도 잘하네! 걱정 안 해도 되겠어. 다행이야. 나 호주로 파견발령 날 듯.'

오늘의 과제　ETF의 종류에 대해 공부하라!

갑자기 호주 발령이라니 너무 서운하다. 수업 내내 눈도 잘 안 맞추고 있더니 김 과장 언니도 서운해서 그랬을까. 그동안 맛있는 것도 많이 얻어 먹고, 수다도 많이 떨고, 정이 많이 들었는데……. 무엇보다 아무 생각 없이 살던 내가 많이 자라게 해준 사람인

데……. 괜히 싱숭생숭해서 한참을 멍하니 앉아 있었다.

아니야! 언제 떠날지도 모르는데 이럴 때일수록 열심히 공부하는 모습을 보여줘야지. 아무 대가 없이 챙겨주고 가르쳐준 언니인데 웃으며 보내드려야지! 자, 오늘 숙제를 하자!

KODEX 홈페이지와 한국거래소 홈페이지에 들어가서 상장되어 있는 ETF를 찾아봤다. 와, 생각보다 훨씬 더 많고 종류도 다양한걸? 나는 지금 코스피200에만 투자하고 있지만 나중에 종잣돈이 커지면 유망한 산업을 골라서 함께 투자할 수 있을 것이다. 똑같은 ETF이니 사고파는 방법도 똑같다. 이렇게 계속 관심을 가지고 공부하다 보면 매매 타이밍을 알 수 있을 거야.

레슨 10. 알면 알수록 다양한 ETF 상품

이번 레슨과 다음 레슨은 한 세트입니다. ETF 기본 투자 전략과 종류에 대해서인데요. 이 책의 핵심 내용을 담았으니 조금 더 열심히 읽어주시기 바랄게요. 먼저 ETF의 종류를 설명드리겠습니다. 현재 국내 증시에 상장된 ETF 종목은 100개가 넘습니다. 섹터, 스타일, 해외지수 ETF 이외에도 레버리지, 통화, 채권 지수 등을 추종하는 것 등 그 종류가 너무도 다양합니다. 주요 ETF 투자 포인트를 간략하게 알아보도록 하겠습니다.

1. 섹터지수 ETF

'은행 증권 건설 트로이카' '차화정 주도주' 등등. 주식시장에 관심이 있는 투자자라면 한 번쯤 들어봤을 겁니다. 그 당시의 시장 상승을 이끈 소위 잘나가는 업종으로 만든 단어죠. 경제 뉴스를 꾸준히 따라가다 보면 증시를 이끌고 있는 주도 업종을 알 수 있는 경우가 있습니다. 이럴 때 섹터지수 ETF를 떠올리면 됩니다.

섹터지수 ETF는 자동차, 반도체, IT, 조선, 은행, 증권 등 특정 업종에 소속된 기업에 분산투자해 개별종목 투자에 따른 위험을 회피하면서 시장 평균 수익 이상을 노릴 수 있도록 설계된 상품입니다.

예를 들어 한국 자동차 산업이 미국과 일본 업체를 추격하는 한편, 중국 차와는 4~5년의 기술 격차를 유지하는 '스위트 스팟'의 단계가 앞으로 최소 3년 이상 지속될 거라는 뉴스를 바탕으로 투자 결정을 해볼까요? 앞으로 3년은 우리 자동차 산업이 잘나갈 거라는 전망이니 자동차 대장주인 현대차 주식을 살 수도 있을 겁니다. 하지만 모 증권사에서는 주가 전망이 현대차보다 기아차가 더 좋을 거라는 의견도 있고 다른 증권사에서는 자동차 부품주 전망이 좋기 때문에 현대모비스를 추천하기도 하고 헷갈리네요.

이렇게 주도 업종은 찾았지만 어떤 종목에 투자해야 좋을지 망설여질 때, 자동차 섹터 ETF에 투자하는 방법이 있습니다. 자동차 관련 ETF는 삼성자산운용의 'KODEX자동차'와 미래에셋맵스자산운용의 'TIGER자동차&유통'이 있고요. 또 국내 자동차 산업의 경우는 현대·기아차 점유율이 높기 때문에 '현대차그룹주ETF'에 투자해도 좋은 성과를 기대할 수 있겠죠. 현재 현대차그룹ETF로는 대신자산운용의 'GIANT현대차그룹'과 미래에셋맵스자산운용에서 내놓은 'TIGER현대차그룹'이 있습니다.

2. 해외지수 ETF

중국, 일본, 브라질, 라틴, 브릭스 등 해외 투자도 ETF를 통하면 매우 효과적으로 할 수 있습니다. ETF가 지닌 여러 가지 장점이 해외지수 ETF에서 극대화되기 때문입니다. 해외 펀드 운용 보수는 일반 주식형 펀드에 비해서도 비쌉니다. 따라서 해외지수 ETF의 거래 비용도 상대적으로 더욱 저렴한 것이죠.

또한 해외 펀드의 경우 가입과 해지 신청을 하고 난 뒤 돈을 돌려받기까지 시간이 더 길어집니다. 국가 간에 시차 때문에 최소 하루 이상 시세를 모른 채로 그냥 지나게 되는 것이죠. 거기에 해약을 신청한 뒤 통장에 돈이 입금되는 때까지 길게는 일주일 이상 시간이 걸립니다. 이에 반해 해외지수 ETF는 거의 실시간으로 가격 정보를 얻을 수 있고 매도 후 2일째에 바로 입금되며, 매도 금액도 매매 후 바로 알 수 있죠.

하지만 국내 주식형 ETF와는 다르게 해외 ETF와 채권 ETF, 그리고 파생상품 ETF의 경우에는 15.4%에 해당하는 배당소득세가 과세됩니다. 단 매일 ETF 가격에 환율이 즉각 반영되기 때문에 환차익 과세 문제는 발생하지 않습니다.

3. 주가 떨어져도 이익, 오르면 두 배로 챙긴다

ETF 중에는 증시가 오르든 떨어지든 상관없이 절대수익을 추구하는 헤지펀드가 투자하는 파생상품과 같은 종류의 종목이 있습니다. 바로 레버리지 ETF와 인버스 ETF라는 상품입니다. 레버리지 ETF는 지수 변동 폭의 두 배로 화끈하게 오르고 내리는 펀드입니다. 즉 코스피200이 1% 오르면 그 두 배인 2% 수익을 올릴 수 있는 것이죠. 또 인버스 ETF는 지수와 반대 방향으로 움직이도록 설계됐습니다. 유럽발 재정위기 이후 증시가 폭락하는 과정에서 이 두 상품의 거래량도 폭발적으로 늘었습니다. 특히 인버스 ETF는 증시 하락 위험을 헤지(hedge)하는 수단으로 유용하게 쓰일 것입니다.

레슨 11. 잘나가는 펀드매니저처럼! ETF 투자 전략

ETF는 최근에 개발된 금융 상품 중 최고의 상품으로 평가받고 있습니다. 이는 ETF시장이 지난 수년간 미국, 유럽 등 선진국에서 폭발적인 성장세를 이어간 것만 보아도 알 수 있습니다. 이는 ETF가 지수를 추종하는 안정적인 움직임을 보인다는 기본적인 장점에 더해 그 활용 방법도 다양해 투자자의 욕구와 맞아떨어졌기 때문입니다.

종잣돈 마련이 목표인 사회 초년생이라면 매달 차곡차곡 쌓아가는 적립식 투자면 충분합니다. 하지만 어느 정도 목돈이 마련된 이후에는 좀 더 세밀한 투자 전략이 필요할 수도 있습니다. 그래서 개인 투자자가 실제로 활용할 수 있는 기본적인 ETF 투자 전략을 소개하려고 합니다. 말하자면 '스마트한 기관 따라잡기'쯤 될까요?

1. 80대 20, 핵심-주변 전략을 써라

펀드매니저들은 기본적으로 시장 수익률을 따라가면서 거기에 플러스알파의 초과 수익을 달성하기 위해 심혈을 기울입니다. 핵심-주변 전략(Core & Satellite Strategies)은 펀드매니저들이 펀드를 운용하듯 시장대표지수에 투자해 안정적인 수익을 기본으로 깔고, 일정 부분 주변 종목을 편입해 추가 수익을 얻고자 하는 전략입니다.

보통 메인 요리(핵심)와 사이드디시(주변)의 비율은 '80대 20' 정도가 적당합니다. 투자자산의 80%는 시장대표지수 ETF에 넣고 나머지 20%를 주도업종 섹터지수 ETF나 성장성 전망이 뛰어난 해외지수 ETF에 투자하면 그것만으로도 훌륭한 투자 포트폴리오를 갖게 될 것입니다.

2. 유휴 자금 활용(Cash Equitization)에 유용한 ETF

기관투자자들이 펀드를 운용할 때 종목을 교체하거나 투자할 만한 마땅한 종목을 찾지 못했을 때 일시적으로 현금을 과도하게 보유하는 경우가 생깁니다. 일부 펀드매니저는 현금을 가지고 있는 것을 선호해 일정 비율의 현금 보유 비중을 원칙으로 정해두기도 하지만 아무래도 현금 비중이 많으면 시장이 상승할 때 기회손실비용(이를 Cash Drag라 합니다)이 많이 발생해 문제가 될 수 있습니다. 따라서 이때 유휴 자금을 ETF에 적절하게 투자한 뒤 편입 종목이 구체적으로 선정되면 ETF를 매도하고 신속하게 종목 투자에 나설 수 있습니다.

유휴 자금 활용법은 개인 투자자들이 더욱더 유용하게 활용할 수 있습니다. 아무래도 기관보다 개인이 투자할 종목을 찾는 데 어려움이 많기 때문이죠. 이럴 경우 시장이 상승 중이라면 일단 코스피200 ETF를 매수해두고 좀 더 깐깐하게 공부해서 종목을 고른 뒤 투자에 나서는 것이 성공 확률을 높이는 길이 될 것입니다.

3. 화끈하지만 내공이 필요한 전략

여러 가지 ETF 중에 가장 눈에 띄는 두 가지가 있습니다. 증시가 상승할 때 수익률이 두 배로 껑충 뛰는 레버리지 ETF와 하락장에서 수익이 나는 인버스 ETF가 그것인데요. 이 두 가지만 잘 사용해도 주가가 떨어지면 인버스로 수익을 내고, 상승하면 레버리지로 더 크게 먹으면서 화끈하게 한몫 잡을 수 있겠지요? 우아, 이거야말로 대박이다 싶죠?

하지만 거꾸로 생각하면 주가가 크게 오를 때 인버스 ETF 들고 있다가 손해 보고, 다시 증시가 꺾일 때 레버리지 ETF로 두 배씩 깎아 먹는다면……. 에휴, 금방 쪽박 차겠네요. 이렇게 이 두 가지 상품은 증시 시황을 올바르게 판단하지 못한다면 낭패를 보기 딱 좋습니다.

하지만 이런 단점을 잘 파악하고 있다면 종잣돈 만들기에 짭짤한 도움을 받을 수도 있을 것입니다. 특히 증시가 한동안 폭락하다가 다시 급격하게 반등을 보이는 장에서 두 종목의 진가를 확인할 수 있습니다. 평소에 시장 상황과 두 상품의 추이를 공부해두면 좋겠지요. 시장이 충분히 떨어지고 반등할 기미가 보일 때 레버리지를 매수하고 충분히 고점이어서 떨어질 것 같다 싶을 때 다른 ETF를 정리하고 인버스를 매수하면 될 테니까요.

경제 순환 주기를
공부해야 하는 이유

김 과장 이야기

"정말 이렇게 헤어지는 거예요?"

"나도 헤어지기 싫지만 어쩔 수 없어."

"어쩔 수 없다는 말 듣고 싶지 않아요. 정말 다른 방법은 없는 건가요?"

"너답지 않게 왜 이래?"

"으악! 그 대사 진짜 싫어요. 너답지 않게 왜 이래?"

"크크. 그 짝꿍 대사도 있잖아. 나다운 게 어떤 건데요?"

"악, 맞아! 그 대사 들으면 진짜 손발이 막 오그라들어요!"

김 과장 단골이라는 대학로의 작은 와인바에서 우리는 드라마 이야기를 하고 있었다. 사흘 뒤면 언니는 호주 지사로 떠난다. 대학 때 워킹홀리데이로 1년쯤 머문 기억이 너무 좋아서 항상 가고 싶었던 곳이라고 했다.

"이왕 해외 파견근무를 할 거라면 호주가 좋겠다 싶어서 지원했어."

"아, 그렇군요. 잘된 거네요. 축하드려요, 언니!"

"응. 잘된 일이긴 한데 은재 씨 수업을 다 못 해줘서 그게 마음에 걸려. 원래 서너 달 뒤에 다른 데랑 일괄 발령이 날 줄 알았는데 거기 갑자기 결원이 생겼다나 봐."

"괜찮아요. 저 많이 배우고 숙제도 열심히 했잖아요. 혹시 모르는 거 있으면 메일로 여쭤봐도 되죠?"

"그럼 그럼, 당연하지. 이렇게 둘만의 환송회를 하자고 한 건 내 이야기를 들려주고 싶어서야. 조금이라도 도움이 될까 해서."

그리고 김 과장은 자기 이야기를 들려주었다. 마지막 수업이라고 생각하고 열심히 들었다.

김 과장의 세 가지 실패담

내가 맨 처음 취업한 곳은 작은 프로그램 개발 회사였어. 새벽 두세 시 야근은 일상이었고, 첫 달 월급은 수습이라는 이유로 60만 원이 고작이었지. 야근 택시비도 따로 없어서 회사 소파에서 졸다가 첫차 타고 집에 간 적도 많았어. 60만 원이던 월급이 80만 원, 100만 원, 130만 원으로 올랐지만 너무 정신이 없어서 1년간은 그냥 은행 자유입출금 통장에 넣어뒀어. 저축할 돈이 많지 않기도 했지만 언제 회사를 그만둘지 모른다는 생각이 있었거든.

1. 눈물을 머금고 저축보험을 해지하다

그러다가 대학 동기들을 만났는데, 다들 연봉도 엄청 받고 재테크도 잘하고 있더라고. 나는 근로자우대저축이 뭔지, 장기주택마련저축이나 적립식 펀드가 뭔지도 몰랐거든. 난 참 바보처럼 살았군요, 하고 자괴감에 빠져 있을 때 마침 설 명절이어서 보험회사에 다니는 고모를 만났어. 재테크 고민을 상담했더니 저축보험을 추천하시는 거야. 금리도 높고 몇 년 유지하면 비과세도 된다면서. 그래서 냉큼 들었지. 그것도 월급의 70%나 되는 액수로! 뭐 그땐 내 월급이 워낙 작기도 했지만……

직장에서 자리도 못 잡아, 월급은 적은데 나갈 돈은 많아, 충동적으로 넣었던 그 보험이 제대로 유지가 됐겠어? 회사가 망하는 바람에 7년 만기 보험을 결국 2년도 못 되어 해지하고 원금의 절반 이상을 날릴 수밖에 없었지.

그 상품은 중도에 인출하는 유니버설 기능도 없었거든. 지금 생각하면 참 아까워. 금리가 꽤 높았는데, 적은 액수로 넣어 계속 유지할 수 있었다면 지금은 납입 기간도 끝났으니 꽤 짭짤했을 텐데.

그때 알았지. 보험은 반드시 오래 유지할 수 있는 금액으로 가입해야 한다는 걸!

2. 분산투자가 그 분산이 아니었군요!

보험을 해지하고 나 같은 사회 초년생은 2~3년 적립식 펀드로 종잣돈을 마련해야 한다는 걸 알았어. 그래서 몇 가지 적립식 펀드를 찾아봤지. 보험에서 배운 교훈으로 한 가지 상품에 몰빵하지 말고 나눠서 투자해야 한다고 생각한 거야. 그래서 한창 뜨고 있던 중국 펀드와 브릭스, 베트남에 투자하는 펀드까지, 소위 당시에 뜬다는 펀드 5개에 투자했지.

중간중간 짭짤한 수익을 올린 것도 있고 차이나 펀드의 경우 두 배까지 올랐다가 반토막이 나기도 했어. 나름대로 분산투자라고 동유럽과 남아공 펀드에도 투자해봤는데, 2008년 금융위기가 오니 분산시켰던 모든 적립식 펀드들이 반토막 가까이 나더군. 그때서야 알았어. 내가 분산해서 투자했다고 생각했던 것이 진정한 분산투자가 아닌 '주식 자산 몰빵'이었다는 것을.

분산투자를 하려 했다면 금이나 달러, 원유, 채권에 투자했어야 했다는 거지. 나는 그저 주식형에 100% 투자하면서 상품명만 다른 곳에 나누어 넣어놓았던 것뿐이었어. 부동산이야 종잣돈이 부족해서 분산할 수도 없었겠지만 분산투자를 아예 하지 못한 거나 마찬가지지.

마이너스 일색인 펀드 계좌를 바라보는 마음이 참담하더군. 피 같은 내 돈을 잃은 것도 마음 아팠지만 몇 년이나 펀드를 하면서 공부가 부족했다는 걸 아는 것이 더 괴로웠어.

3. 원유 값 상승을 예상하고 WTI 펀드를 들다

2008년 원유 값은 거의 바닥이었어. 반토막 난 펀드 계좌들을 보면서 절치부심 열심히 공부를 했어. 각국이 엄청난 돈을 풀 계획들을 세웠고 글로벌 경기가 풀리면 원유 값은 오르지 않을까 생각했지.

그렇다면 WTI 펀드에 돈을 묻어놓으면 어떨까? 나는 내가 이런 예상을 할 수 있다는 게 얼마나 기특했는지 몰라. 그래서 정기예금에 있던 돈을 과감하게 베팅했지! 결론은? 유가는 몇 배가 뛰었지만 수익률은 정기예금보다 못했어.

뭐가 문제였을까? 나 같은 예상을 했다가 낭패 본 사람들이 많았는지 경제신문에 기사까지 크게 실렸더라고. 원유를 다루는 펀드의 복잡한 상품 구조를 알지 못했던 게 패인이었지. 투자 설명서를 꼼꼼히 읽고 구체적으로 어디에 어떻게 투자되는 상품인지 더 공부했어야 했는데, '막연히 원유 가격이 오르면 WTI 펀드도 오르겠지'라는 생각으로 투자한 것이 실패 원인이었던 거야. 손해는 보지 않았지만 그 돈을 다른 펀드에 넣었다면 결과적으로 30% 이상 수익을 냈겠지.

"흑흑. 실패담 얘기하니까 너무 마음이 아프다! 은재야, 나 와인 한 잔 더!"

"네, 여기요 언니. 우아! 진짜 파란만장하네요. 원금 그렇게 많이 손해 보고 그러는 거 저는 상상도 못하겠어요!"

"그럴 땐 나도 그냥 100% 적금 들고 만기되면 정기예금 옮기고 할걸, 생각했던 적도 있었어. 하지만 지금 돌아보면 재테크 공부하고 종잣돈 마련하기에 이만 한 방법도 없다는 생각이 들어. 그래서 은재 너한테도 추천하는 거고."

"그래서 돈을 넣어놓고 열심히 경제 공부를 해야 하는 거군요?"

"응. 경제신문에 제일 많이 나오는 게 뭔지 알아?"

"뭔데요? 주가 시세?"

"흐흐. 비슷해. 경제 관련 그래프! 경제에도 주기가 있거든. 그 추이를 지켜볼 수 있게 그래프가 많이 나오는 거야."

"저 경제 블로그나 재테크 카페에서 검색하다가 그래프도 많이 봤어요. 근데 뭐가 뭔지 모르니 그냥 넘어갔지요."

"어렵지. 어려워도 그때마다 하나씩이라도 이해하려고 노력해 보도록 해. 경제 주기를 알아야 내 돈을 언제 빼야 하나 알 수 있으니까."

"네! 열심히 할게요. 벌써 경제신문 정기 구독도 신청했어요. 요즘은 인터넷 서핑할 때도 연예 뉴스나 쇼핑몰은 잠깐씩만 보고 재테크 카페랑 경제 뉴스들을 들여다보는 걸요! 네이버에는 재테크

족 검색어도 따로 있더라고요!"

"우아, 우리 은재 이젠 정말 하산해도 되겠는걸! 내가 마음 놓고 가도 되겠어!"

'하산'이라는 말에 울컥한다. 그렇구나, 이제 언니랑 이렇게 수다 떠는 것도 끝이구나.

"엥, 뭐야? 이 여자 취한 거야? 왜 울어? 응?"

"아니 그냥, 서운해서요. 3년 뒤엔 저 이 회사에 없을지도 모르는데……."

"울지 마! 나까지 슬퍼지잖아. 술자리에서 여자 둘이 우는 것만큼 꼴불견도 없다고!"

문득 K와 헤어지고 서연이랑 대성통곡했던 포장마차 생각이 난다. K와는 그렇게 헤어졌지만 나는 그때보다 조금은 성장한 것 같다. 불행 중 다행이겠지?

"자자, 이제 헤어질 시간이 가까워 오네! 오늘은 따로 숙제를 낼 필요가 없겠어. 대신 내가 선물을 하나 주고 갈게. 절대로 실패할 일 없는 절대수익 가치주를 찍어줄 거야! 떠나기 전에 은재 이메일로 보내줄게. 걱정 마, 이것만 알면 네 인생은 탄탄대로일 테니까! 건강하게 잘 지내고 있어야 해, 은재야!"

흑흑. 김 과장 언니 눈가도 그렁그렁하다. 서운해서 눈물이 쏟아지는 와중에도 '절대수익 가치주'라는 말이 귀에 박힌다. 나 너무 돈 밝히는 여자가 된 걸까. 암튼 그걸 알려준다는 언니의 말이 고마워서 더 눈물이 난다. 언니, 건강하고 행복하세요! 그동안 감사했어요!

그런데 언니가 내 메일 주소를 알고 있나? 흑흑!

허 옵빠의 쓰리포인트 레슨

레슨 12. 돌다리도 두드려라 – ETF 투자의 주의점

우리의 레슨도 어느새 끝이 보이네요. 어때요, ETF에 감이 좀 잡히셨나요? ETF는 기본적으로 주식에 투자하는 펀드입니다. 그렇기 때문에 ETF가 국내 대표 우량주에 분산투자해서 위험을 상쇄시킨다고는 하나 이는 개별 주식에 비해 상대적으로 덜 위험하다는 거지 아무런 위험 없이 높은 수익을 기대할 수 있다는 것은 아닙니다. 따라서 실제 투자에 나서기 전에 반드시 위험의 내용을 알고, 또 어떻게 접근해야 하는지 그 대처 방안도 준비해둬야 합니다.

1. 주가가 하락할 경우 자금이 묶일 수 있다

주식시장에서 위험은 두 가지가 있다고 설명 드렸습니다. 혹시 벌써 잊으신 건 아니겠죠?

예, 그렇습니다. 시장위험과 개별위험이라는 게 있었죠. ETF라는 상품에는 분산투자를 통해서 개별위험을 사라지게 만든다는 장점이 있습니다. 하지만 여전히 시장위험은 남아 있는 상태죠. 즉 증시가 오르면 오르는 대로, 떨어지면 떨어지는 대로 그 위험에 노출

되어 있다는 말이죠.

2000년대 들어서면서 적립식 펀드 열풍이 불었을 때, 너도 나도 유행처럼 '묻지 마 펀드 투자'에 나섰습니다. 적립식 펀드에 돈을 넣기만 하면 별 위험 없이 은행 이자의 몇 배의 수익을 얻을 수 있다고 믿고 마음 편하게 펀드를 샀습니다. 그러다 금융위기가 터지면서 코스피는 2007년 11월 1일 2085포인트를 찍고 정확하게 56% 하락했습니다. 증시 하락 위험에 대해 생각조차 안 했던 투자자들은 대부분 엄청난 손실을 안고 쓸쓸히 퇴장했습니다. "주식은 도박이나 마찬가지야! 이제 다시는 안 해!" 하고 스스로를 위로하면서…….

하지만 폭락 이후의 스토리에 반전이 있습니다. 그 뒤로 약 2년이 지난 2010년 12월 14일에 다시 2000을 회복하고 한동안 더 오르게 됩니다. 만약 2007년 코스피가 2000포인트까지 갔을 때 적립식 투자를 시작해서 900 찍고 다시 2000이 되는 시점까지 매달 꾸준히 펀드나 ETF를 샀다면, 이것은 바로 우리가 예시를 통해 봤던 여러 가지 주가 흐름 중 가장 수익률이 뛰어난 V자형 장세에 해당한다는 것을 알 수 있습니다.

하지만 증시가 하락 구간에 접어들었을 때 갑자기 큰돈이 필요하게 되면, 그때는 어쩔 수 없이 손실을 확정 짓고 환매를 해야 합니다. 이런 경우 단순히 주가 하락에 따른 손실 위험이 있다기보다 자금이 필요한 시기와 환매 타이밍 사이에 불일치 위험이 있다고 할 수 있겠죠. 따라서 목돈이 들어갈 일이 있다면 6개월에서 1년 정도 전에는 환매 시점을 잡을 수 있도록 미리미리 준비해야 합니다.

2. 해외 ETF 투자자만 주목

ETF 종류를 설명하면서 해외지수 ETF의 장점을 몇 가지 설명했습니다. 해외지수 ETF 가격에는 환율이 즉각 반영되기 때문에 환차익 과세 문제가 발생하지 않는다고 설명 드렸습니다. 네? 뭔가 찜찜한 것 같다고요? 그렇습니다. 눈치채셨군요. 해외지수 ETF는 실시간으로 가격에 환율이 반영되기 때문에 환율 위험이 추가됩니다.

예를 들어 일본 증시에 투자하는 ETF의 경우, 일본 증시가 20% 상승했지만 엔화에 대해 원화가치가 10% 상승했다면 수익률은 10%에 그치게 됩니다. 반대로 일본 증시가 5% 떨어져도 원화가치가 10% 하락하면 5% 수익을 얻게 되는 거죠.

이렇게 환율은 해외지수 ETF 주가에 미치는 영향이 매우 큽니다. 따라서 해외지수 ETF에 투자하는 경우에는 해당 국가 증시 전망과 함께 환율 추이도 반드시 체크해야 합니다.

3. 최고의 위험은 하락에 대한 공포

주가지수도 반토막 날 수 있다는 위험을 알고 그것을 인정하는 것이 매우 중요합니다. 하락에 대한 공포를 이겨낼 수 있어야 손실을 확정 짓지 않고 열매를 따먹을 수 있기 때문이죠.

앞에서 언급한 2007년 금융위기를 비롯해 1997년 외환위기나 2002년 카드 사태의 경우를 살펴보면, 경기 곡선 자체를 돌려놓은 무서운 위기에도 주가는 평균 1년 6개월 정도면 이전 수준으로 돌아왔습니다. 또 9·11 테러 같은 단기 충격의 경우, 주가는 한 달 정도면 정상을 찾는 것으로 나타났습니다. 즉 어느 정도 여유를 가지고 길게 보고 투자를 한다면(환매로 손실을 확정 짓지 않는다면), 손실 위험을 크게 줄일 수 있다는 거죠.

경제신문을 꾸준히 읽으라고 권하는 것도 그 때문입니다. 시장이 돌아가는 상황을 알아야 겁을 먹지 않고 투자를 계속할 수 있거든요. 20대부터 꾸준히 경제 공부를 해놓으면 설령 ETF로 대박이 나지 않아도 어느 정도는 안정된 생활을 할 수 있을 것입니다.

CHAPTER_3

·

고슴코스

최고의 가치주는 바로 너야!

"

내가 가장 성공한 투자 종목이 있답니다.
수익률이 얼마인지 알아요?
무려 800%에요.
보이지 않는 수익률은 더 어마어마하답니다.
뭔지 알겠죠?
그건 바로 '나'예요!

"

보이지 않는
어마어마한
수익률

오늘은 회사 창립 행사 때문에 종일 바빴다. 집에 오자마자 저녁을 먹고 경제신문을 훑어보고 늘 가는 재테크 카페와 경제 블로그를 체크하려 컴퓨터를 켰는데 김 과장 언니의 메일이 와 있다. 아까 퇴근하는 길에 잘 다녀오라고 통화했는데 무슨 메일이지? 아, 맞다! 그때 절대수익 가치주를 가르쳐준다고 했었지! 그런데 메일 제목은 바로 이것이었다.

'최고의 가치주는 바로 너야!'

에이, 뭐야! 투자해서 절대 손해 볼 일 없는 종목을 찍어주겠다더니 이거였나! 완전 실망인걸! 하하.

나름 격식 있는 편지니까 존대로 쓸게요. 우리 아까 통화했죠? 공항에 들고 갈 짐을 다 싸고 잠들기 전에 메일을 써요. 은재 씨가 타주는 커피 한 잔이 옆에 있었으면 하는 생각이 간절하네! 그동안 수업 잘 따라와 줘서 고맙고, 늙은 언니랑 놀아줘서 더 고마워요. 이건 뭐, 평생 못 볼 것처럼 메일을 쓰고 있는데, 호주는 생각보다 가까이 있으니 언제든 놀러 와요. 나도 분기 보고 때문에라도 1년에 한두 번은 한국에 오게 될 테니 그때 만나도 되고!

메일 제목 본 순간 '에이, 이게 뭐야!' 그랬죠? 하하. 대박 작전주라도 찍어줄 줄 알았는데 최고의 가치주가 '너'라니, 장난하나 싶죠? 그래도 잘 들어봐요. 은재 씨에게 처음 만난 날부터 꼭 해주고 싶었던 이야기를 할 거니까요.

지난 시간에 말한 대로 나의 재테크는 실패한 적도 많았어요. 그 와중에 내가 가장 성공한 투자 종목이 있답니다. 수익률이 얼마인지 알아요? 무려 800%에요. 이건 수치로 따질 수 있는 것만 말한 거고요. 보이지 않는 수익률은 더 어마어마하답니다. 뭔지 알겠죠? 그건 바로 '나'예요.

말했듯이 내 첫 연봉은 보잘 것 없었어요. 내가 재테크 공부보다 더 열심히 한 일이 있으니, 그건 능력을 키우는 일이었죠. 동기들이 여자라고 봐달라며 일찍 집에 갈 때, 나는 더 악착같이 매달렸어요. 지금 죽어라 배워두지 않으면 나중에는 아무도 가르쳐주지 않을 테니까요. 이 회사에서 저 회사로, 파견에, 프로젝트에, 정말 닥치는 대로 일했어요.

그렇게 이직을 밥 먹듯 하면서 힘든 적이 왜 없었겠어요. 딸리는 체력으로 하루 걸러 야근하는 것도, 남자들 조직에서 적응하느라 여기저기 술자리 따라다니는 것도 고역이었죠. 하지만 그 고생은 헛되지 않았어요. 다양한 경험과 조직 경력을 쌓은 끝에 지금 이 회사로 스카우트됐고, 내 연봉은 초년생 때의 여덟 배로 뛰었으니까요. 물론 운이 좋았다고 할 수도 있겠지만 나는 내가 너무 자랑스러워요. 누구보다 더 열심히 일했다는 것을 잘 알고 있으니까요.

보이지 않는 어마어마한 수익률은 바로 이 자신감이랍니다. 내가 얼마나 더 이 업종에서 일할 수 있을지는 모르겠지만, 현역에 있는 한 나는 언제나 문제를 해결할 수 있다는 자신감이 있어요. 지금껏 최선을 다해서 일해왔고 요즘도 뒤처지지 않게 열심히 공부하고 있으니까요. 지금의 이 자신감이 사라질 땐 내가 알아서 은퇴를 해야겠죠.

회사에 충실하면서 틈틈이 경제 공부한 것도 참 잘한 일 같아요. 덕분에 어느 정도 종잣돈도 마련했고, 오래 공부해온 덕분에 경제 지식도 많이 늘었으니까요. 앞으로도 계속 공부할 거예요. 지금은 여러 가지 리스크가 잠복해 있어서 어디에 투자해야 좋을지 잘 모르겠더라고요. 하지만 회사 열심히 다니고, ETF 꾸준히 적립하고, 경제 공부하면서 기다리다 보면 또 기회가 올 거라고 믿어요.

나는 그래서 은재 씨에게 재테크 공부에 올인하지 말라고 강조하고 싶

어요. 20대에 투자할 가장 좋은 자산은 자기 자신이거든요. '자신'이야
말로 망하거나 손해 볼 일 없고 절대수익을 낼 수 있는 최고의 가치주
랍니다. 열심히 능력을 키우고, 꿈을 꾸고, 행복해지는 길을 탐색해보
세요. 재테크 공부는 하루에 30분에서 1시간, 신문 보고 경제 블로그만
훑어봐도 충분해요. 한 달에 한 번 정도 대형 서점 신간 코너에서 재테
크 서적이 뭐가 나왔나 정도만 보시고요. 그럼 요즘 뜨는 투자 상품이
무엇인지 대충 알 수 있을 거예요.

회사에서 성공하려면 조직 생활을 잘하는 게 8할이더라고요. 그래서 12년
동안 직장 생활을 하면서 20대 후배들에게 해주고 싶었던 이야기를 몇 가
지 해주고 싶어요. 나도 아직 배우는 중이지만, 20대 때 내가 좌충우돌 맨
땅에 헤딩하며 거쳤던 시행착오들을 후배들은 피해갈 수 있었으면 하는
바람에서요. 물론 이 말을 듣는다고 그 시행착오를 피해갈 수는 없겠지만
'아 다들 그렇구나' 생각하면 조금은 견디기가 쉽지 않을까요?

1. 첫 직장은 스튜어디스처럼!

난 여행을 참 좋아해요. 휴일 출근과 야근이 일상인 회사에 매여서 자
주는 못 가지만, 여행이나 출장을 다녀올 때마다 스튜어디스 언니들을
유심히 본답니다. 내가 변태(?)는 아니고요. 흐흐. 스튜어디스 언니들
보면서 사회생활의 기본을 배우기 때문이에요. 특히 여자들이 처음 사
회생활하면서 겪는 많은 문제들이 있는데, 스튜어디스 언니들이 그 해
결책을 알려주더라고요. 남자들은 군대에서 배워오는 정신, 일명 "네,

알겠습니다!" 정신 말이죠.

예를 들면 스튜어디스 언니들은 손님이 얼토당토않은 요구를 해도 절대 그 자리에서 "노!"라고 하지 않죠? 아무리 피곤하고 힘들어도 웃음을 잃지 않죠? 엄청 불편해 보이는 유니폼을 입고도 흐트러짐 없는 차림을 유지하죠? 음료나 기내식을 챙겨줄 때에도 요구하지 않은 것까지 알아서 배려해주죠? 자기가 할 일이 아니라고 "그건 제 업무가 아니라서 못 해드려요" 하는 스튜어디스를 보았나요?

첫 직장에서는 말도 안 되는 상황이 수시로 벌어져요. 내가 허드렛일 하러 이 회사 들어온 게 아닌데, 커피 타 와라, 과일 씻어 와라, 걸레질까지 시키죠. 비행기에서 술 먹고 꼬장 부리는 진상 손님 같은 상사도 꼭 하나씩 있고요. 그럴 때면 스튜어디스 언니들의 태도를 떠올려보세요. 내가 은재 씨를 좋아하는 이유도 그런 태도를 가지고 있어서였어요. 그거야말로 사회생활을 할 때 꼭 필요한 자세거든요. 일단 "네, 알겠습니다!" 하고 난 뒤, 고민을 하고 최선을 다해 노력한 뒤에 "노!"라고 말해도 절대 늦지 않는답니다.

2. 정말 원하는 분야라면 2년은 버티자

요즘 후배들 능력이 좋아서인지 취직도 잘하고 그만두기도 잘하는 것 같아요. 처음부터 일 잘하는 사람이 어디 있으며, 조직 분위기 파악도 쉽지 않은데 힘들지 않은 직장이 어디 있겠어요. 그런데 그 초반의 힘겨움을 못 견디고 그만두는 후배들 보면 참 안타깝더라고요.

제가 해보니까 2년간은 정말 죽도록 힘들어요. 뭐가 문제인지도 모르겠고, 선배들은 주는 것 없이 잔소리만 하고, 나 때문에 프로젝트가 계속 늦어지고……. 그럴 때는 혼나면서 그냥 꾹 참고 배우는 수밖에 없어요. 그 시간을 견뎌야만 그 일을 계속할 수 있는 거예요.

내가 정말 원해서 이 분야에 들어왔고 평생 이 일을 하고 싶다면, 2년은 죽었다 생각하고 버티겠다는 마음가짐이 필요해요. 심부름시키면 심부름 하고 허드렛일 주면 허드렛일 하면서 어깨 너머로 틈틈이 배우는 거죠. 그러다 보면 몰래 배워놓은 능력을 보여줄 기회가 반드시 와요! 2년이라는 시간을 강조하는 이유는 또 있어요. 적어도 2년은 버텨야 다음 이직 때 경력다운 경력으로 인정해주거든요!

자유로운 인생도 좋고 좋아하는 일 하면서 먹고사는 것도 좋아요. 하지만 모든 일에는 숙련 과정이 필요한 법이잖아요? 은재 씨는 이미 잘하고 있지만 다음 직장에서도 이 점을 잊지 말았으면 해요. 처음은 정말 누구나 죽도록 힘들어요. 그렇지만 똑같은 탄소라도 약한 열을 받으면 연필을 만드는 흑연이 되고, 고열을 받으면 다이아몬드가 되듯(나는 고등학교 화학 시간에 배운 이 비유가 참 좋더라고요!) 참고 견디는 힘을 기르는 것도 중요하다고 생각해요.

3. 아주 가끔은 싸움닭이 되자

평소에는 "네, 알겠습니다!" 하는 태도가 맞아요. 하지만 가끔 정말 부당하고 말이 안 되는 상황이 있죠? 같은 막내인데 커피 심부름을 여자인 나에게만 시킨다든가, 상사가 상습적으로 성희롱을 한다든가……. 그럴 때에는 '변신'해야 하죠. 뭘로 변신하느냐고요? 뭐긴 뭐예요, 싸움닭이죠. 하지만 자주 쓰면 안 되는 변신술이에요. 툭하면 싸움닭이 되는 신입사원은 나라도 싫지 않겠어요?

말 잘 듣고 일 잘하던 후배가 갑자기 정색하고 언성을 높이면 문제가 있나 보다 다시 생각할 여지가 있죠. 하지만 평소 불평만 하고 말도 잘 안 듣던 사람이라면, '이 자식 또 반항이네!' 하고 괘씸하게 생각할 거예요. 그러니까 이 변신술(?)은 아주 가끔씩만 꺼내되 불같이 화를 내야 효과가 있어요. 그러려면 정말 부당하고 말도 안 되는 상황에만 써야겠죠?

그 전에 몇 번이고 참고 스스로에게 되물어보는 거예요. 지금 이 순간 정말 변신해야 하는가? 회사 생활 하면서 화나는 일 중 절반 이상은 그 순간만 참으면 되는 것들이 많아요. 그럴 때 싸움닭으로 변신하는 내 모습을 떠올려보면 그것만으로도 견디기가 쉬워질 때가 있답니다. 그렇게 참고 참아도 안 되면 쌈닭으로 트랜스포머가 되는 거죠. "부장님, 이의 있습니다! 그건 아니잖아요!" 하고 말이에요.

4. 남들 다하는 스펙 개발은 그만!

이번에 우리 부서에 배치된 막내 보니까, 요즘은 취직하고서도 계속 스펙에 매달리더라고요. 자기 계발이야 좋은 일이지만 그 스펙이라는 것이 너무 천편일률적인 것 같아요. 국가에서 이거이거 하라고 정해놓은 것처럼요. 남들 다 하는 거 따라서 하는 느낌이랄까. 외국어나 자격증이 꼭 필요한 업종이라면 모를까. 막연히 불안해서 자격증을 따두는 건 별로 좋지 않아요.

일단 취직을 했고 회사 일을 배우는 중이라면 다른 건 다 제쳐두고 일에 몰두하는 게 먼저라고 생각해요. 만약 다른 무언가를 배우고 싶다면 본인이 좋아하는 취미에서 찾아보세요. 커피가 좋으면 바리스타 과정을 배운다든지, 플로리스트나 요리 강좌를 듣는다든지 하는 거죠. 꼭 무언가 배우거나 시험을 봐야 하는 것도 아니에요. 제 친구 중에는 공연을 좋아해서 주구장창 보러 다니더니, 파워 블로거가 되어서 책도 내고, 기획사에서 공연 초청도 받고 하더라고요.

자기가 좋아하는 일이니까 회사에서 받은 스트레스도 풀고 꾸준히 오래 할 수도 있죠. 중요한 건, 무엇을 하든 자기 안에 쌓는 과정을 거치라는 거예요. 그냥 흘러가듯 즐기고 마는 것이 아니라, 무엇이건 흔적을 남기라는 거죠. 요즘은 블로그나 트위터도 많이 하잖아요! 그렇게 쌓인 것으로 아마추어 콘테스트에서 입상을 한다든지, 이력서에 한 줄 쓸 수 있으면 더 좋겠죠. 무언가에 몰두한 시간은 나중에 새로운 문을 열어줄 거예요. 두 번째 직업을 갖게 해줄 수도 있죠! 자기가 좋아하는 일을 하면서 살 수 있다면, 그것만큼 멋진 일이 또 있겠어요?

5. 일주일에 4시간, 나를 위해서만!
회사 일은 바쁘지, 연애도 해야지, 스펙도 높여야지, 트렌드 따라가야지, 요즘 20대들 할 일 참 많죠? 내가 서른 넘어서 제일 좋은 게 뭔지 알아요? 중요한 것과 중요하지 않은 것을 구분할 눈이 생겼다는 거예요. 중요하지 않은 것들을 과감하게 포기할 줄 알게 됐다는 거죠. 그리고 남은 시간을 중요한 일에 쓰고 나 자신을 만나는 일에 쓰고 있어요.

인디언들은 말을 타고 열심히 달리다가 한참을 쉬어준다죠? 내 영혼이 따라올 때까지 기다려주는 거래요. 우리는 어디로 가는지도 모르고 열심히 달리고 있는 사람들 같아요. 그렇게 달리다가 언젠가 도중에 나 자신을 잃어버리고 왔다는 걸 깨달을지도 몰라요.

하루에 30분씩 자신과 만날 약속을 정하는 건 어떨까요? 일기 쓰기도 좋고, 명상을 해도 좋고, 그냥 멍 때리기나 잡담 같은 걸 해도 좋아요. 은재야, 너는 뭘 하고 싶니? 어떤 인생을 살고 싶니? 언제 가장 행복하니? 이런 걸 물어보는 거예요. 이미 다 알고 있다고 생각하나요? 아닐 걸요. 잊지 말아요, 우리가 돌봐야 할 가장 중요한 사람은 우리 자신이에요.

매일 30분씩 시간을 내기 어렵다면, 일주일에 3~4시간을 내어서 '나와의 약속'을 정하는 거예요. 토요일 오전이나 일요일 밤, 이렇게 정해두는 거죠. 그 시간에는 누구의 방해도 받지 않고 내가 하고 싶은 일을 하면서 미래의 나를 상상해보세요. 그렇게 하다 보면 내가 진정으로 무엇을 해야 할지 자연스럽게 떠오를 테니까요.

평소 하고 싶었지만 못 이룬 꿈이 있다면 이때 하는 거예요. 만화를 그리고 싶었다거나 소설을 쓰고 싶었다면 직장을 다니고 있다 해도 얼마든지 할 수 있잖아요. '꿈을 위해 직장을 그만두고 올인하겠어!'라고 다짐하기보다 남는 시간을 잘 쪼개서 투자하는 것도 방법이에요. 그리고 새 꿈이 자리 잡히면 그때 옮겨도 늦지 않거든요.

잔소리가 너무 길었죠? 은재 씨가 앞으로 어떤 일을 하게 될지 모르지만 도움이 됐으면 해서 주절주절 적었어요. 이건 나 자신에게 하는 말이기도 해요. 나도 여전히 꿈을 꾸고 있고 매일 밤 나 자신과 만나고 있으니까요. 네티즌들은 '늙어가는 생명체'라고 부르지만, 여자 나이 서른이 넘어도 삶은 계속되고 꿈도 현재 진행형이랍니다. 하하. 특히 늦잠을 자고 일어난 토요일의 네 시간은 나에게는 보물과도 같은 시간이에요. 은재 씨도 꼭 그런 시간을 만들었으면 좋겠어요.

아, 졸리네요. 이제 나는 자야겠어요. 자고 일어나면 새로운 일상이 시작되겠지요. 은재 씨, 자주 보지 못해도 잘 지내고 건강하길 바라요. 무엇보다 은재 씨가 자기를 좋아하는 사람이 됐으면 해요. 살면서 그것만큼 힘이 되는 일이 없더라고요.

언젠가 꿈을 이룬 모습으로 다시 만나요!

사랑을 담아, 지연 씀.

메일을 다 읽고 처음으로 돌아가 다시 한 번 천천히 읽었다. 나를 걱정해주는 언니의 마음이 고스란히 전해졌다. 평소엔 스튜어디스처럼, 결정적 순간엔 싸움닭처럼! 나름 조직 생활 2년차라서 언니가 말하는 사회인의 자세가 어떤 것인지 알 것 같았다. 김 매니저님도 비슷한 이야기를 하지 않았던가. 이 조직에서 인정받지 못하면 다른 조직에서도 마찬가지라고……. 이제 곧 재계약 시기인데 다시 한 번 마음을 다잡아야겠다. 일단 이 회사에서 인정을 받고 나서 다른 회사로 옮겨도 옮기는 거다.

'자기를 좋아하는 사람이 됐으면 한다'는 말이 오래 남았다. 나는 지금의 나를 좋아하나? 미래의 나는 내가 좋아하는 모습일까? 내가 좋아하는 사람이 되려면 무엇을 해야 할까? 꼭 이루고 싶었던 내 꿈은 뭐였지? 정말 내가 최고의 가치주라면 나는 지금 나에게 무엇을 투자해야 할까?

많은 질문들이 머리를 어지럽힌다. 천천히 하자, 이은재. 무언가 인생이 방향을 조금 바꾸는 것 같은 느낌이다. 그날 서래마을 중식당에서 ETF를 처음 알게 된 날도 이런 느낌이 들었지. 지금의 나는 그때의 나보다 훨씬 더 많은 것을 생각하고 있어.

당장 이번 주부터 나와 토요일 약속을 해야겠다. 늘 가보고 싶었던 정독 도서관에 갈까? 가서 책도 읽고, 일기도 쓰고, 공부도 해야지. 무엇보다 이루고 싶은 꿈을 다시 불러와야겠다. 언젠가 꿈을 이룬 모습으로 다시 만나자는 지연 언니의 바람에 부응할 수 있도록.

언니, 고마워요. 내가 좋아하는 내가 될게요. 나중에 우리 다시 만날 때, 부끄럽지 않은 멋진 여자가 될게요!

허 옵빠의 쓰리포인트 레슨

레슨 13. 수업을 마치며

어느덧 마지막 수업이네요. 어떠세요? 재테크가 뭔지 감이 잡히셨나요? 우리는 그동안 많은 것을 공부했습니다. CMA 통장 만들기, 지출 관리를 위한 통장 쪼개기, 보험 들기, 그리고 투자의 핵심인 ETF에 대한 모든 것. 처음에는 너무 막연하고 무섭기까지 했던 재테크라는 녀석, 수업을 들어보니 그렇게 어렵지 않았죠? 하락장에서도 수익을 낼 수 있다는 인버스, 주가가 오르면 두 배로 수익이 난다는 레버리지 ETF 등을 공부하다 보니, 당장 일확천금을 손에 쥘 수 있을 것 같은 자신감이 생길 수도 있겠지만, 워 워!

Back to the basic! 기본으로 돌아갑시다.

애초에 '재테크'라는 것을 할 수 있는 근본은 따박따박 들어오는 월급입니다. 혹시 매달 나오는 월급의 재산 가치가 얼마나 되는지 생각해보신 분 있습니까? 내가 1년에 2400만 원 정도의 연봉을 받고 있다면 금리 5% 정도를 적용하면 4억 8000만 원 정도의 가치가 있는 거예요. 당장 그런 거금의 돈을 찾아 쓸 수 있는 것은 아니지만 통장에 5억 가까운 돈을 넣고 매달 이자를 받고 있는 것과 마찬가지라고 생각한다면 "아, 내가 회사를 헐렁하게 다니면 안 되겠구나" 하고 정신이 번쩍 들 것입니다(연금복권이 왜 그렇게 선풍적인 인기를 끌고 있는지 생각해보세요. 매달 적지 않은 월급을 받고 있는 당신은 연금복권 당첨자나 마찬가지랍니다!). 그간의 레슨이 재테크 방법을 설명하는 것이었지만 최종 목표는 재테크 비법 전수가 아니라, 회사 일에 바쁜 당신을 위해 핵심만 요약한 과외 수업을 해드리는 것이었습니다.

책을 집필하는 중간에 모 경제신문(저랑 아주 친숙한 회사죠!)에 나온 기획기사가 눈에 들어왔습니다. '주식 투자 대담한 60대, 소심한 20대'라는 제목의 기사였습니다. 개인 투자자 1만 5000여 명의 투자 성향을 분석해보니, 보통 젊은 사람들이 더 과감하게 투자를 할 것이라는 통념을 깨고 20대가 가장 보수적인 투자를, 그리고 60대 이상 투자자가 공격적인 마인드를 가지고 있다는 것이었습니다. 우리 수업 시간에 배운 '주식 투자 비중=100−나이' 공식에 따르면 20대에는 자기 자산의 80%를 그리고 60대는 자산의 40% 정도만 주식을 가지고 가는 게 적당한 비율이었는데 말이죠.

1997년 외환위기 이후에 카드 사태, 글로벌 금융위기, 그리고 유럽과 미국 정부 재정위기로 촉발된 소버린 리스크까지 10여 년 사이에 굵직한 위기가 네 차례나 있었습니다. 2~3년에 한 번씩 주식시장이 크게 휘청대다 보니 이제 막 사회에 나온 어린 양들이 겁먹을 만도 합니다. 그리고 60대 이상 투자자는 소위 '장수 리스크'로 가지고 있는 퇴직금이나 연금이 노후 생활비로는 부족하다고 생각해 수익률을 높이기 위해서 주식시장으로 모이는 듯합니다.

이러한 투자 패턴이 지속된다면 결과는 어떨까요? 퇴직할 때까지 주구장창 은행 적금만 들다가, 퇴직하고 나니 노후 자금이 부족해 퇴직금 1~2억을 들고 그때서야 주식 투자를 시작한다면……. 이건 절대 이길 수 없는 게임입니다. 그냥 게임이라면 모를까 당장 생활비를 걱정해야 하는 개인에게는 재앙 수준의 결과를 가져다줄 수도 있습니다.

제가 다니는 경제신문사에 함께 근무하는 후배 기자들조차 이렇게 보수적인 투자 마인드를 가진 '소심한 20대'가 많습니다. 하지만 안전한 금융 상품이 결코 안전한 노후를 보장해주지는 않는다는 것을 다시 한번 곰곰이 생각해보시기 바랍니다.

너무 늦게 고백하지만 경제신문 기자는 절대 재테크 전문가가 아닙니다. 그럼에도 제가 여러분 앞에 선 것은 회사 생활 10년 먼저 시작한 선배로서 후배들이 10년 뒤에 후회하지 않도록 당부의 말을 해주고 싶었기 때문입니다.

'재테크에 미쳐볼까?' 하고 마음먹고 회사 컴퓨터에 몰래 HTS 창을 숨겨놓고 테마주 찾느라 정신없는 후배나, "주식은 도박이라고 아빠가 하지 말랬어요!" 하고 겁먹은 소심한 20대 모두에게 해주고 싶은 말이 있습니다. 지금 어떤 직장에 다니고 있건 치열하게 매달리세요. 그리고 더 행복한 나를 위해 미래를 준비하세요. 재테크는 매달 ETF 1주씩이라도 더 사 모으는 것으로 만족하세요. 이 말에 고개가 끄덕여지신다면 제 임무는 완수한 겁니다. 꿈통장이 두둑해져서 당신이 꿈을 이루는 데 쏠쏠한 도움이 되기를. 그때 만나면 맛있는 밥 한 끼 사주세요. 뭐, 제가 사드려도 되고요. 하하!

여러분의 앞날에 웃는 날만 있기를 바랍니다. GOOD LUCK!

5년 뒤
은재 이야기

"오늘도 저희 신성항공을 찾아주신 승객 여러분, 감사합니다. 저희 비행기는 모든 준비를 마치고 곧 이륙할 예정입니다. 안전한 기내에서 잠시만 기다려주시기 바랍니다."

"손님, 많이 피곤하신가 보네요? 비행기가 곧 이륙할 예정입니다. 등받이를 똑바로 세워주시겠습니까?"

상냥한 목소리에 겨우 눈을 뜬다. 어제 늦게까지 잡지 칼럼 원고 마감을 하느라 거의 잠을 자지 못했다. 이륙하고 나면 깨우지 말아달라고 부탁을 해야…… 아니, 이게 누구야?

"어머, 은재야!"

"이제야 알아보신 거예요? 저 탑승하실 때부터 계속 눈치보고 있었는데. 아까도 오렌지주스 가져다드렸는데 눈도 안 맞춰주시고!"

"넌 줄 몰랐지! 세상에, 이게 얼마 만이야! 진짜 반갑다. 어머, 너 스튜어디스 된 거야? 완전 예쁘고 잘 어울려, 이은재!"

"네, 그렇게 됐답니다. 언니 계신 거 알고 제가 이쪽 담당을 맡기로 했으니 파리까지 친절하고 안전하게 모시겠습니다, 손님!"

"어머, 진짜 반갑다. 우리 4년 만인가? 너 그때 회사 옮기고 나도 몇 달 있다가 그만뒀어! 웬일이니, 이런 데서 만날 줄은 꿈에도 몰랐네!"

"흐흐. 저도요. 더 수다 떨고 싶지만 지금 업무 중이라 나중에 파리에서 따로 회포를 풀도록 해요, 언니. 일단 저 이륙 준비하러 갑니다. 이따 올게요!"

사람을 기분 좋게 하는 미소는 여전하다. 그런데 옛날 철부지 같았던 그 은재가 아니네. 잠이 싹 달아난다. 은재가 저렇게 근사한 스튜어디스가 되다니…….

여행사가 잡아준 숙소는 에펠탑 근처에 있는 호텔이었다. 근사한 버버리코트를 입은 은재가 호텔까지 와주었다. 호텔 컨시어지에게 부탁해 샹젤리제 레스토랑에 예약을 하고 시간이 남아 은재와 쉬엄쉬엄 걷기로 했다.

"뭐야, 아가씨. 무슨 마법이라도 쓴 거야? 진짜 멋있어졌는데!"

"언니야말로 비결이 뭐예요. 5년이나 지났는데 하나도 안 늙고

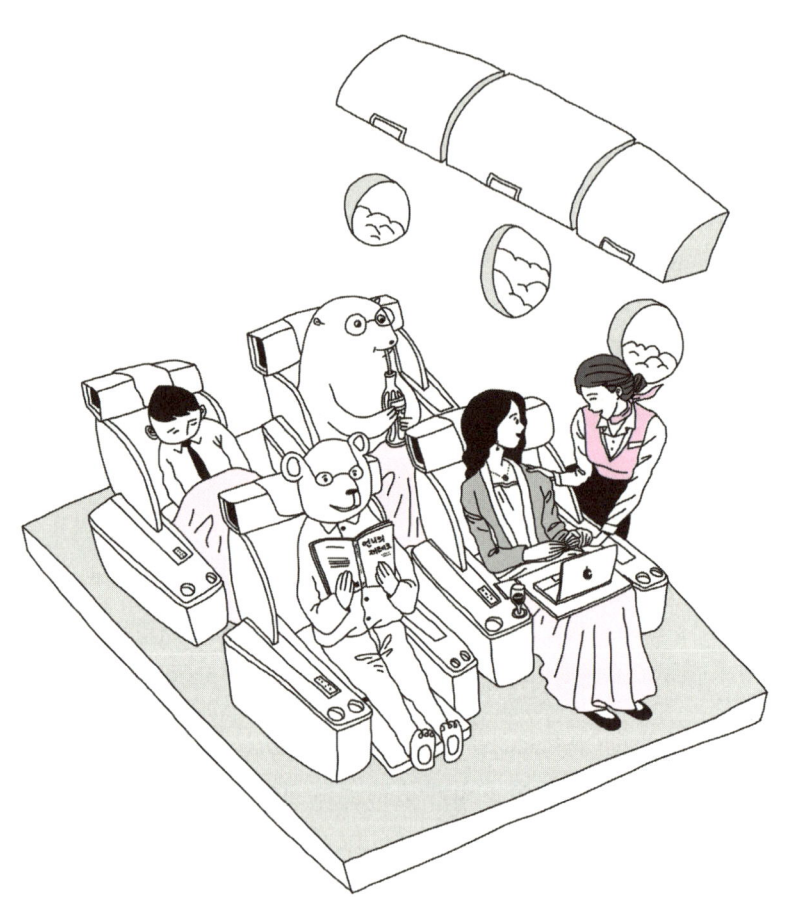

피부는 더 좋아졌잖아요!"

"하하, 회사 안 가고 놀고 있으니까 그렇지. 근데 백수가 과로사한다고, 일이 너무 많아. 프리랜서가 프리한 날이 별로 없다니깐!"

"그냥 프리랜서가 아니잖아요. 여행 책 벌써 3권이나 나왔죠? 파워 블로거에, 베스트셀러 작가시면서, 바쁜 게 당연하잖아요!"

"어, 알고 있었어? 흐흐. 그렇게 됐어. 회사 다니면서 운영하던 블로그가 얼떨결에 유명해졌고, 호주 생활하면서 콘텐츠가 늘어나다 보니 파워 블로거가 되고, 호주 여행 책 쓰고 또 다른 나라 책 쓰고 하다 보니 회사도 접게 됐지. 요즘은 정신없이 바쁘지만 행복해. 내가 원하는 일을 하면서 돈을 벌 수 있으니까."

"저 언니 책 세 권 다 샀어요. 재밌던데요? 저는 동유럽 편이 제일 좋았어요. 동유럽 비행 있을 땐 그 책 들고 관광도 다녔는데……. 그때 출판사 통해서 한번 연락하려고 했었는데, 남미 어디에 가 계신다고 하더라고요."

"응. 요즘은 한국에 없을 때가 더 많아. 이번에도 새 책 콘셉트 잡으러 온 건데 루트도 짜고 여기서 몇 달 살아볼 집도 구하고, 사전 작업 좀 해놓고 가려고."

"우아 멋져요! 김 과장, 아니 언니가 이렇게 멋지게 살 줄 알았다니까요? 그럼 서울 숙소는 어디예요? 우리 서울에서도 한번 뭉쳐야죠!"

"강남에 아주 작은 소형 아파트를 장만하긴 했는데, 그건 월세를 주고 파주출판단지 근처에 허름한 작업실 하나 얻어서 쓰고 있어. 어차피 난 한국에 오래 있는 것도 아니고 서울에 살아야 하는 것도 아니라서……. 프리랜서에게 가장 중요한 게 고정수입이거든! 월세가 큰 도움이 되고 있지, 크크."

"인세에 월세까지. 역시 저의 재테크 선생님다우십니다!"

"인세는 사실 얼마 안 돼! 여행잡지 칼럼도 쓰고, 여행사 루트도 개발하고 별거 다 한다고! 진짜 대박 베스트셀러 하나 쓰는 게 꿈이다. 하하. 그런데 연락이 안 되면 블로그에 글이라도 남기지 그랬어? 휴대폰은 잘 안 받아도 블로그 관리는 열심히 하는데. 그게 유일한 밥줄이라서 말이야! 흐흐."

"그럴까도 생각했는데 저도 일정이 들쭉날쭉이고, 외국계 항공사에 있다 보니 한국 들어가는 날이 많지 않아서요. 여행 파워 블로거시니까, 언젠가 이렇게 비행기에서 조우할 줄 알았죠!"

"그렇겠다. 뭐야, 당신 이야기 좀 해봐. 스튜어디스는 언제 된 거야? 재테크는 잘하고 있겠지? 요즘 어떻게 지내는 거야?"

"일단 레스토랑 가서 이야기해요. 제가 5년 전에 한 말 기억하세요? 돈 많이 벌어서 언니 맛있는 거 사드린다고 약속했잖아요. 너무 늦었지만 오늘 그 약속을 지킬 수 있겠네요. 아, 언니랑 이렇게 샹젤리제 거리 걸으니까 진짜 행복하네요!"

은재는 그동안의 이야기를 해주었다. 미슐랭 가이드에서 별 셋을 받은 레스토랑에서 근사한 웨이터 아저씨의 추천 메뉴와 마고 와인까지 한 병 시켜놓고 수다가 이어졌다. 5년 전 서울의 맛집에서 우리가 했던 이야기들이 떠올랐다. 마지막 메일에서 언젠가 꿈을 이루고 다시 만나자고 했던가? 꿈을 이룬 우리는 다시 만나 서로를 축하하며 기쁨을 만끽했다.

사랑한다, 은재야!

언니 호주 가고 나서 저와 만나는 토요일 약속을 열심히 지켰어요. 물론 ETF 투자도 하고 경제신문도 읽고 영어학원도 열심히 다니고요. 다행히 재계약이 되어서 계속 회사에 있게 됐지만 무언가 다른 길을 찾아봐야겠다는 생각이 들었어요. 그러다가 잊고 있던 꿈 생각이 난 거죠. 사실 대학 때부터 스튜어디스 되는 게 꿈이었거든요. 국적항공사 시험도 쳐봤는데 다 떨어지고 리셉셔니스트가 된 거였어요.

나이 제한에 걸릴 거라고 생각해서 지레 포기하고 있었는데 다시 한 번 도전해보고 싶더라고요. 학원에 등록하려고 했더니 회사를 그만둬야 하는 리스크가 너무 커서 비용이 더 들더라도 도전해보자고 개인 레슨을 받았어요. 스튜어디스 오래 하신 강사 선생님께요. 선생님 조언을 받아가며 나이 제한이 많지 않은 외국 항공사 위주로 시험을 봤죠. 그렇게 1년 반쯤 했나? 무려 스물여덟 살에

합격했어요. 스튜어디스 지망생으로는 환갑 같은 나이죠. 입사해 보니 서른 살인 여자 동기도 있었지만요, 호호.

진짜 행복했어요. 포기하지 않길 정말 잘했다고 생각했죠. 이게 다 김 과장님 덕분이에요. 언니 아니었다면 저는 지금도 그날이 그날인 삶을 살고 있었을지 몰라요. 이상하게 재테크에 관심을 갖게 되니까 더 열심히 살게 되고 하고 싶은 일들과 인생에서 이루고 싶은 꿈들이 계속 생겼어요. 돈이라는 것이 제 꿈을 이루어주는 데 한몫 톡톡히 한 것도 사실이죠. 그 전까지는 돈에 대해서 깊이 생각해본 적이 없었거든요. 그냥 '돈이 많았으면 좋겠다' 정도였지 어떻게 해야 할지 몰랐던 것 같아요.

가르쳐주신 ETF 투자도 성공적이었어요. 처음엔 겁이 나서 2주, 5주 이렇게 샀지만 계속 공부를 하다 보니 불입금액을 늘려도 되겠더라고요. 개인 레슨 받을 때는 조금 줄였지만 스튜어디스 되고 연봉이 많이 올라서 투자금액도 늘렸어요. 원금이 커지니까 투자금액이 적을 때보다 신경이 많이 쓰이긴 하지만 너무 바쁘다 보니 자연스럽게 잊혀지곤 해요.

그래도 아무리 피곤해도 경제신문은 꼬박꼬박 챙겨보고요. 매일 보다 보니까 요즘은 한 20분만 투자하면 되더라고요. 재작년인가 한 번 환매를 했었고요, 현재 시황으로 봐서는 지금 포트폴리오를 조금 더 유지해도 될 것 같아요. 사실 서연이랑 둘이서 부암동에 북카페를 오픈하려고 준비 중이거든요? 평소 카페 관리는 서연이가 하고, 저는 쉬는 날에 일하려고요. 6개월에서 1년 정도 창업 준비도 하고, ETF 환매 시기를 저울질하고 있어요.

요즘 저는 너무 행복하답니다. 엄청 바쁘고 타국 생활도 고달프지만 원하는 일을 하고 있고 새로운 꿈도 생겨서요. 카페를 열고 자리가 잡히면 또 다른 꿈을 가져보려고요. 창업자금으로 ETF 환매하고 나면 다시 처음부터 적립식으로 시작할 거예요. 그리고 몇 년 뒤에 다시 새로운 꿈을 위해 써야죠.

언니가 ETF를 '20대 꿈통장'이라고 하셨잖아요? 정말 잘 지은 별명인 것 같아요. 저도 후배들에게 이야기해주곤 해요. 언니에게서 받은 것들을 후배들에게 갚는 거죠. 최근에 장이 좋아서 벌써 짭짤한 수익을 올린 후배들도 많아요. 후배들이 저의 재테크 선생님을 궁금해 하곤 했는데, 이제 멋지게 꿈을 이룬 언니 이야기도 같이 해줄 수 있겠네요!

우리는 밤늦게까지 수다를 떨었다. 와인을 많이 마셔서인지, 택시를 기다리며 바라본 샹젤리제 거리가 꿈속처럼 아득하게 느껴졌다. 옆에서 나를 부축하고 있는 은재에게 물었다.

"……"

"뭐라고요? 방금 차 지나가서 못 들었어요. 뭐라고요?"

"너는 지금의 네가 좋냐고, 은재야!"

"네에? 하하, 그럼요! 전 지금의 제가 너무너무 좋아요!"

"그래, 나도 지금의 네가 너무너무 좋다! 이은재 멋져!"

"언니도 멋져요! 우리 앞으로도 멋지게 살아요!"

"그럼, 당연하지! 기분 좋다! 은재랑 같이 파리에 있구나! 사랑한다, 은재야! 사랑한다, 파리!"

"흐흐. 언니 완전 신나셨네! 얼른 호텔로 가요. 제가 모셔다 드릴게요!"

"그래 그러자! 그런데 나 물어볼 거 하나 더 있다?"

"물어보세요, 뭔데요?"

"K랑은 어떻게 됐어? 그대로 헤어졌어? 그 뒤로 한 번도 못 만났어?"

"알고…… 계셨어요? 오랜만에 듣네요, 그 이름."

"그럼, 나도 그 나이 때 비슷한 경험 있어서 더 정이 갔어. 월급도 적고 직업도 안정적이지 못하다는 이유로 남친 집 반대로 헤어졌거든."

"아, 그래서 저 챙겨주셨던 거군요? 알고 계신 줄 몰랐어요. 이거 K에게 감사해야겠네요. 언니가 저를 가르쳐주신 것도 따지고 보면 K 덕분이니까요! 2년 전쯤 친구 결혼식에서 한 번 만났어요. 가을에 결혼할 거라더군요. 웃으면서 잘 살라고 행복을 빌어줬어요."

"그랬구나. 그냥 궁금했어. 끝까지 나한테 K 이야기는 안 하길래……."

"지금 생각하면 고마운 일이죠. 덕분에 이렇게 제 삶에 만족하며 살고 있잖아요. K가 제 등을 떠밀어준 것 같아요. 이렇게 세계로 나가서 원하던 인생을 살라고요!"

"그럼 그럼! 지금 우리 곁에는 또 새로운 사람이 있으니까. 은재야, 아무래도 안 되겠다. 우리 호텔방 가서 한잔 더 하자! 언니가 기분이 너무 좋아서 오늘밤을 그냥 보내주고 싶지가 않아!"

"에휴, 못 말린다니까! 알았어요, 알았어. 딱 한 잔이에요! 저 내일 비행 있단 말이에요. 저는 예나 지금이나 '회사의 얼굴'이라고요."

"네네, 알아 모시겠습니다. 딱 한 잔만! 어? 택시 왔다! 가자!"

"아, 아파요! 도망 안 갈 테니 이것 좀 놓으세요, 언니! 흐흐."

은재를 꼭 안고 택시에 탄다. 5년 전의 그 철부지 아가씨가 아니구나. 아주 멋진 여자가 됐구나, 은재야. 우리 앞으로도 행복하게 잘 사는 거다! 서로에게 부끄럽지 않게 하루하루 열심히 채워나가는 거다. 사랑한다, 은재야!

·

CHAPTER 4

심화 코스

ETF 투자에 성공한 당신을 위해

66

목돈을 쥐게 되었다면,
어디에 맡겨야 할지 얼떨떨할 겁니다.
저도 그랬으니까요.
그래서 낮은 금리에 만족할 수 없는 독자들을 위해
1%라도 더 수익 내는 방법을 소개합니다.

99

ETF 그 후, 평생의 재테크 플랜!

안녕하세요, 허 옵빠입니다. 다 읽고 나니 어떠신가요? ETF 투자 잘 할 수 있을 것 같으시죠? 마지막 인사까지 해놓고 왜 갑자기 다시 나타났냐고요? ETF 투자에 성공한 당신을 위해(유후!), 그 후의 재테크 팁을 알려드리려고 왔답니다. 일종의 심화학습인 셈이죠. 귀찮더라도 꼼꼼히 읽어두신다면 평생의 재테크 플랜에 체계를 잡는 데 아주아주 유용하실 거예요. 잘 따라와보세요!

두 겹의 재테크 시스템을 만들자

Simple is the best!

내로라하는 경영사상가들이 요즘 부쩍 자주 언급하는 말입니다. 경제신문이나 경영서에도 많이 나오죠. 이 책이 다른 재테크 책과 가장 차별화되는 지점은 많은 금융상품들을 백화점식으로 나열해놓고 '골라잡으세요' 한 것이 아니라 딱 하나, ETF만 파고든 것이었죠. 20대 초년생에겐 ETF만큼 좋은 상품이 없기 때문이지만 거꾸로 말하면 다른 상품들의 설명이 부족할 수도 있겠더라고요. 그래서 심화편에서는 목돈을 굴릴 수 있는 상품들을 소개하고 단기와 장기 플랜을 병행하는 '두 겹의 재테크' 시스템을 제안하려고 합니다. 역시 심플하게, 꼭 필요한 것만 알려드릴 테니 메모 준비하세요!

'두 겹의 재테크' 시스템이라고 하니 그럴듯해 보이지만 알고 보면 간단합니다. 한쪽에서는 매달 들어오는 수입 중 일부를 꾸준히 ETF로 적립하면서 목돈을 만들고, 다른 한쪽에서는 그렇게 만들어진 목돈을 굴려서 원하는 재테크 목표에 빨리 도달하자는 것이지요. 하나만 주구장창 밀고 나가는 것보다 성공 확률이 훨씬 높겠지요?

여기까지 읽은 독자라면 ETF에 투자하는 데는 아무 문제가 없을 거라고 확신합니다. 왜 소액으로 꾸준히 적립하라고 하는지, 왜

3년 이상 길게 보고 투자하라고 하는지도 아시겠고요. 왜 그렇게 ETF를 강력추천하는지, ETF 거래가 무섭게 늘고 있는 이유도 짐작하실 거라 믿습니다.

혹시 기억이 나지 않는다면 은재 씨와 김 과장님의 수업 내용을 떠올려 보세요. 펀드보다 ETF가 좋은 이유 세 가지도요. 좋아요, 그거면 됩니다. 우리는 계속 그렇게 꾸준히 적립하기만 하면 되는 거예요.

축하합니다! '두 겹의 재테크' 시스템 중 하나는 벌써 완성된 셈이니까요.

차곡차곡 쌓다 보니 목돈이 되긴 했는데……

"한 달에 수십만 원씩 혹은 100만 원 이상 꾸준히 ETF를 적립 했습니다. 처음에는 별 부담 없이 쌓아가기만 했는데 어느새 꽤 목돈이 됐습니다. 주식시장은 좋아서 더 갈 것 같기는 한데 나름 큰돈이 되니까 좀 불안하기도 하고, 그렇다고 이 돈 찾아도 마땅히 굴릴 데도 없고……. 어떻게 해야 할지 정말 모르겠습니다."

적립식 투자를 하다 보면 대부분 이런 고민에 빠지게 됩니다. 당연하지요. 돈이 쌓일수록 걱정도 쌓이게 마련이니까요. 그런 때를 대비해서 환매에 대한 나만의 기준을 세우고 대비를 할 필요가 있습니다.

주식이나 펀드를 좀 더 안전하게 투자하는 방법에는 '적립식'이라는 정답이 있습니다만, 그 환매 방법에 대해서는 전문가들 사이에서도 '이거다' 의견을 모으는 뾰족한 방법은 없는 듯합니다. 그런 방법을 배울 수 있다면 저는 비싼 수업료를 지불하고라도 기꺼이 배울 용의가 있습니다. 기초 레슨에서 말씀드린 것처럼 적립보다 환매가 몇 배는 더 중요하기 때문이죠. 잘못 환매하면 몇 년 공들인 탑이 한순간에 우르르 무너지는 결과를 가져오기도 하니까요.

그런데 아무리 뒤져봐도, 아무리 머리를 굴려봐도 정답이 나오질 않네요. 그렇다면 '나만의 정답'을 만드는 수밖에 없습니다. 이제부터 환상적인 환매의 기술을 함께 만들어 볼까요.

환상적인 환매의 기술

"ETF 언제 환매하면 되나요?"

어쩌면 이 책의 가장 핵심적인 질문과 답변이 될 수도 있겠네요. 자 일단 절반의 정답을 말씀드릴게요. 첫째, 투자기간이 3년 이상 지났고 주식시장이 고점이라고 판단될 때 팝니다. 둘째, 처음 가입할 때 수익률을 정해놓고 목표 수익률이 달성되면 바로 환매하는 방법도 있습니다. 셋째, 원금도 꽤 모였고 수익률도 쏠쏠한데 마침 목돈이 필요하다면 그때 팔아도 좋겠지요.

하지만 어느 것 하나 결과를 장담할 수는 없습니다. 고점이라고 생각해서 팔았는데 시장이 계속 오른다면 후회막심이겠죠. 나는 15% 수익에서 만족하고 환매했는데 친구는 두 배의 수익을 올렸다면 은재 씨가 그랬던 것처럼 속이 쓰릴 거고요. 원금도 꽤 모았고 수익률도 괜찮은데 마땅히 투자할 곳을 못 찾아 그냥 버티자 했더니 시장이 갑자기 고꾸라지면서 반토막이 날 수도 있습니다.

에휴, 참 어렵죠. 시장은 우리에게 항상 숙제를 내줍니다. 이번 숙제는 더 까다롭고 답이 없는 것처럼 느껴지는군요.

이번 문제에 대해서 개인적으로 꼭 강조하고 싶은 것은, 아무리 적립식이고 장기투자를 한다고 해도, '무조건 GO' 외치면서 무작정 보유하는 것이 대박을 보장하지는 않는다는 것입니다. 말씀드렸다시피 시장의 변동주기가 점점 더 짧아지고 있습니다. 몇 년간 주구장창 오르기만 하는 일도 없고, 패닉에 가까운 급락장도 빈번하게 발생합니다. 매일 주가에 일희일비할 필요는 없지만 제법 목돈이 되고 수익률도 쏠쏠하다면 시장을 주의깊게 지켜보면서 환매 타이밍을 잡는 것이 좋습니다.

환매하고 나서 가장 먼저 해야 할 일은 무엇일까요? 물론 다시 적립식으로 ETF를 사기 시작하는 거죠. '두 겹의 재테크' 기억나시죠? 내가 팔고 나서 시장이 올라도 아쉬움을 줄일 수 있고, 급락장이 와도 원금이 적기 때문에 안심하고 계속 투자할 수 있어서 좋습니다. 어차피 내릴 만큼 내리면 다시 오르는 게 주식시장이니까요.

그럼 환매한 목돈(아싸!)은 어떻게 할까요? 심화과정에서는 바로 이 부분을 다루려고 합니다. 투자자금 규모별로 안정형 상품과 공격형 상품을 하나씩 소개하려 하는데요. 어디까지나 참고만 하시고 본인의 성향에 따라 투자 비중을 결정해야 합니다. 목돈을 투자하는 만큼 공부도 꼼꼼하게 해야겠지요? 재테크 서적이나 경제신문을 참고하고 전문가에게 재무설계를 받거나 자산관리 세미나를 들어보는 것도 좋습니다. 자, 이 부분만 잘 마치면 '두 겹의 재테크'가 완성됩니다. 조금만 더 힘을 내서 공부해볼까요?

1단계
3000만 원 투자하기

적립식 투자로 3000만 원이라는 큰 돈을 모은 당신, 먼저 축하합니다. 이제 종잣돈 마련의 첫 단계를 완성한 셈입니다. 생전 처음 3000만 원이란 목돈을 쥐게 되었다면, 어디에 맡겨야 할지 얼떨떨할 겁니다. 저도 그랬으니까요. 가장 손쉬운 방법은 은행 정기예금에 넣는 겁니다. 골치 아프고 불안하게 돈 굴릴 곳을 찾기보다, 안전하게 내 돈을 보관하고 싶다면 시중 은행에 가서 1년 만기 정기예금에 넣으면 간단하죠. 이건 누구나 할 수 있겠죠? 그래서 낮은 금리에 만족할 수 없는 독자들을 위해 1%라도 더 수익 내는 방법을 소개합니다.

이자 1% 더 받기 – 알짜 저축은행 고르는 법

이왕 예금을 할 거면 조금이라도 이자를 더 주는 저축은행을 방문해 볼까요. 평소에 일반 은행과만 거래했던 보수적인 투자자라면 저축은행에 돈 맡기는 일도 큰 결심이 필요할 겁니다. 요사이문 닫는 저축은행이 생기면서 발 동동 구르는 예금자 사진이 종종 신문 1면을 장식하니 그 불안감은 더 크겠지요.

먼저 강조하자면, 시중에 안전한 저축은행은 없는 거나 마찬가지라고 생각하세요. 일반 은행보다 예금 이자를 1%라도 더 준다는건 그만큼 위험이 크다는 말입니다. 다행히 원리금 5000만 원까지보장해주는 예금자보호라는 안전장치가 있으니, 그 범위 안에서이용하면 크게 걱정하지 않아도 됩니다.

그럼 알짜 저축은행을 고르려면 어떻게 하느냐! 대표적인 방법으로 '88클럽' 가입 은행인지 알아보면 됩니다. 88클럽이란 BIS자기자본 비율이 8% 이상이고, 고정이하여신 비율이 8% 이하인 저축은행을 말합니다. BIS자기자본 비율이니 고정이하여신 비율이니, 용어가 어렵다고요? 걱정 마세요, 88클럽이라고 검색만 해도가입된 저축은행 리스트를 찾을 수 있으니까요.

하지만 최근 들어 '88클럽' 가입만으로 우량 저축은행이라고 단정하기 힘들어졌습니다. 지난해까지 여기에 속해 있던 저축은행상당수가 올해 구조조정 과정에서 줄줄이 문을 닫았기 때문입니다. 지난해 9월에 영업정지 된 제일은행, 토마토저축은행이 대표적인 사례지요. 그래서 전문가들이 꼽는 새로운 우량은행 선별 기준을 알려드리겠습니다.

1. 단순자기자본 비율

저축은행의 경우 BIS 비율보다 단순자기자본 비율을 확인하는 것이 더 정확한데요, BIS 비율에는 후순위채권, 대손충당금등 보완자본이 포함되어 있는 반면 단순자기자본 비율은 순수 자본금만 표시되기 때문입니다. 적정 단순자기자본 비율은 5%를 넘어야 합니다.

2. 고정이하여신 비율

부실채권 비중을 알 수 있는 고정이하여신 비율의 경우 시중은행들은 1~2% 정도입니다. 저축은행의 경우에는 7% 미만이면 적정하다고 볼 수 있습니다.

3. 당기순이익 추이

단순히 한 해만 확인하지 말고 수년간의 변화 추이를 함께 살펴봐야 합니다. 3년 이상 당기순이익을 낸 저축은행이라면 믿을 만합니다.

4. PF대출 규모

저축은행 부실의 가장 큰 원인으로 꼽히는 부동산 프로젝트파이낸싱(PF) 대출 비중이 작아야 합니다. 부동산 PF 비중이 업계 평균인 20%를 훌쩍 넘는다면 상대적으로 위험이 크다고 봐야겠지요.

5. 대출 포트폴리오

소액대출, 채권, 기업금융, 해외사업 등에 골고루 돈을 빌려 준 곳이 상대적으로 안전합니다. 각 부문에서도 되도록 많은 사람에게 소액 대출을 해준 저축은행을 선택하는 게 좋습니다.

위의 자료는 해당 저축은행 홈페이지 '경영공시'를 이용하거나 금융감독원 금융통계정보시스템에서 확인할 수 있습니다. 하지만 일일이 지표를 찾고 그 자료를 종합적으로 판단하기는 힘들죠. 그래서 개인적으로 신문기사 검색을 이용할 것을 추천합니다. 신문 경제면이나 금융면에 정기적으로 우량 저축은행 고르는 방법과 그 기준에 맞는 은행 리스트를 꼽아놓은 기사를 싣습니다. 그중에서 고르면 실패가 적겠고요. 부실 저축은행을 감사한다는 뉴스나, 시중 저축은행 부당대출 같은 뉴스가 나오면 유심히 봐두어야겠죠. 김 과장이 경제신문 읽기를 그렇게 강조한 이유가 바로 이거랍니다. 비교적 짧은 시간의 투자만으로 전반적인 재테크 흐름을 파악할 수 있기 때문이죠.

무엇보다 명심할 것은 예금자보호제도를 잘 이용해야 한다는 겁니다. 안전한 저축은행은 없는 거나 마찬가지라고 강조했죠? 원리금 합쳐 5000만 원 이하만 보호되므로 저축은행 한 곳당 5000만 원 이상은 예금하지 않는 게 좋고요. 그 이상 예치한다면 명의자를 나누어서 1인당 5000만 원이 넘지 않게 '분산'해 놓는 것 잊지 마세요! 금리 1% 더 받으려다가 원금 손해보는 일이 생길 수도 있습니다. 내 돈을 지키기 위해서라면 조심하고 또 조심하는 것이 재테크의 기본 중 기본입니다.

왕초보 주식 투자 시작해볼까

'투자'하면 역시 주식 투자를 빼놓을 수 없습니다. 이제 든직한 종잣돈도 만들어두었으니 소액으로 개별종목 투자를 시작해봅시다. 지금부터 공부해두면 나중에 여유가 생겼을 때 주식 투자가 쏠쏠한 투자 도우미가 되어줄 것입니다. 조금이라도 내 돈이 들어가 있어야 열심히 공부를 하게 될 테니, 소액으로 신중하게 투자해보도록 하세요.

주식 투자 방법에 대해선 진정 정답도 없고 지름길도 없습니다. 시중에 나와 있는 수많은 주식 투자 책 수십 권을 독파해도 투자의 고수가 될 수 없습니다. 소위 수십 억을 벌었다는 고수들도 몇 번이나 깡통을 찬 경험이 있고, 대박 비법을 알려준다는 강의를 들어봐도 막상 내가 투자해보면 실전과는 다르다는 것을 알게 될 겁니다.

여기서는 주식 초보자 입장에서 처음 접근하는 방법을 살펴보겠습니다. 떨리는 가슴을 다잡고 이 문장을 외쳐보세요. "나의 주식 투자는 정석으로 시작해서 정석으로 끝낸다!" 결심이 섰다면 그동안 적립했던 ETF 투자금 3000만 원을 환매해서 2900만 원은 저축은행 예금에 가입하고 일단 나머지 100만 원을 가지고 주식 투자에 나서기로 합니다.

자, 이제 투자 종목을 골라야겠죠? 어떤 회사의 주식을 살 건가요? "대형 우량주 중심으로 실적이 좋거나 호재가 있는 종목을 찾겠다"고 대답하는 분이 많을 겁니다. "주식 투자를 하기 전에 종목 정보를 수집하고 우량종목 몇 개를 꼽아 적절하게 분산투자에 나선다." 아주 훌륭한 정답입니다. 하지만 첫 단추를 개별종목 분석으로 시작한다면 50점짜리 정답일 가능성이 있습니다. 여기에는 함정이 2개나 숨어 있기 때문입니다.

첫째, '카더라' 정보에 넘어갈 수 있습니다. 기업 이익이 늘어난다거나 향후 매출을 끌어올릴 대형 수주 건과 같은 주가 모멘텀 정보를 찾다보면 이런 '카더라' 정보에 흔들려 '개미들 쪽박의 대명사' 테마주나 작전주 유혹에 빠질 가능성이 높습니다. 테마나 작전에 의해 급등하는 종목들은 언제나 '몇 배 오른다'며 실적을 과장하는 정보를 흘려놓고 움직이기 때문입니다.

둘째, 시장을 잘못 판단할 수 있습니다. 시장이 아무리 안 좋고 급락하는 상황에서도 반드시 오르는 종목은 있기 마련입니다. 즉 경기가 갑자기 안 좋아지거나 경제가 위기상황에 빠져 누가 봐도 증시가 흔들리는 시기가 왔을 때조차 "이 종목은 호재가 있어 오를 거야"라고 믿으며 투자에 나서게 되는 함정에 빠질 수 있습니다. 아무리 좋은 정보가 있어도 시장이 흔들리면 무너질 수밖에 없습니다. 그럴 땐 고수들도 투자를 쉬고 시장 추이를 지켜봅니다. 손해보지 않는 것도 아주 좋은 투자전략이기 때문이지요.

시장에 '최후의 질문'을 먼저 던져라

"지금 주식을 살 때인가, 아니면 팔 때인가?"

처음 주식을 사기 전에, 이 질문을 던지십시오. 이 질문은 주식을 팔 때 던져야 할 것 같지만 주식을 살 때에도 반드시 대답해야 할 질문이랍니다.

매우 간단한 질문이지만 여기에 대답하기란 만만치 않습니다. 증시가 안정된 상태에 있다면 이런 질문이 별 필요가 없습니다. 하지만 주가가 급등하거나 급락하는 상황에서는 반드시 짚고 넘어가야 합니다.

현재 현금과 주식을 반반씩 보유하고 있는 상황에 갑자기 증시가 불같이 오르기 시작합니다. 나머지 현금으로 주식을 더 살까 우물쭈물 망설이다 매수시기를 잡지 못했고 그 사이 주가는 한없이 오르기만 했습니다. 그런데 마냥 오르던 증시가 오늘 잠시 주춤합니다. 급한 마음에 덜컥 추격매수에 나섭니다. 그러면 반드시 며칠 뒤 증권면 1면에 이런 기사가 실리게 됩니다. "개미들 또 상투 잡다"

반대 경우도 허다합니다. 주식을 들고 있는데 잘나가던 증시에 작은 돌맹이 하나가 던져집니다. 처음에는 별일 아니다 싶어 약간 하락해도 그냥 흘러보냅니다. 어? 그런데 점점 물결이 커지더니 충격이 꽤 아픕니다. 그래도 '이쯤에서 반등하겠지' 하고 버텨보지만 어느새 손실 폭이 부담되기 시작합니다. 드디어 못 버티고 뼈아픈 손절에 나섭니다. 그러면 또 며칠 뒤에 이런 기사를 보게 될 것입니다. "증시 드디어 웃었다"

"지금 증시가 주식을 살 때인가 팔 때인가?" 먼저 질문해보는 것만으로도 이런 실수를 줄일 수 있습니다.

달리는 말에 올라타기 – 주도업종을 찾아라

주식 왕초보는 시장을 이끌고 있는 주도업종을 찾아야 합니다. 지난해 증시를 되돌아보면 '차화정'으로 시작해서 '내수주'로 끝맺

었습니다. 1년 전체적으로 보면 자동차업종이 꾸준히 강세를 보였고 증권과 조선, 금융주는 맥을 추지 못했습니다.

이렇게 지금 현재 주도업종이 뭐고 힘을 못쓰는 섹터가 무엇인지 반드시 체크해야 합니다. 이것 역시 생각만큼 쉽지는 않지만 그래도 꾸준히 관심을 가지고 전문가들이 추천하는 내용을 새겨 듣는다면 성공 확률을 높일 수 있을 것입니다.

잘나가는 주도업종까지 손에 넣었다면 거의 다 왔습니다. 그 다음은 업종 1등주를 공략하세요. 아니면 처음에 생각했던 대로 실적 좋은 우량주 중에서 주가 모멘텀이 있는 종목을 골라 투자하는 겁니다. 이렇게 우선 시장 전체를 분석하고 주도업종을 고른 뒤에야 비로소 종목 정보가 의미를 가지게 됩니다. 바로 이런 투자분석 방법을 'Top Down Analysis'라고 합니다.

눈치 빠른 학생이라면 이 방법이 그렇게 낯설지만은 않을 것입니다. 그렇습니다. 우리는 이미 이런 틀 안에서 ETF 투자를 배웠습니다.

ETF 첫 레슨에서 코스피200 지수를 기반으로 하는 KODEX200이나 TIGER200을 통해 시장 전체에 투자를 한다고 배웠고, ETF 적립식 투자도 코스피200 추종종목을 중심으로 해나갔습니다. 그 다음에 업종ETF를 살펴봤고 '핵심-주변 전략'에서 코스피200 ETF와 업종ETF를 80대 20의 비율로 투자한다고 배웠습니다. Top Down Analysis를 기반으로 한 전략이고, 개별주식 투자는 여기서 한걸음만 더 나가 업종 1등주를 선택하면 완성됩니다.

바로 이러한 이유로 책 첫 부분에서 ETF를 주식 정석투자의 첫 걸음이라고 소개한 것입니다. ETF 투자를 3년 정도 하고 그 사이 경제신문으로 열심히 공부를 해왔다면, 종목 찾기는 의외로 쉬울 수도 있답니다. 방심은 금물이지만 너무 겁먹을 필요도 없어요. 우리도 모르는 사이 주식 투자의 기본을 배워왔기 때문이지요.

주식 투자, 이것만은 꼭 지켜라!

작년에 일반인들에게는 생소할 '풋옵션'이 인기검색어 1위에 오른 적이 있었죠. 투자 초보인 30대 여성이 경제신문에 다니는 선배의 말—"이렇게 시장이 급락할 땐 풋옵션을 사면 돈을 번다"—을 듣고 1700만원을 투자해서 닷새만에 13억 원의 대박을 냈다는 뉴스 때문이었는데요. 막상 그 말을 한 선배는 풋옵션을 사지 않아서 한 푼도 못 벌었다는 슬픈 이야기!

요점은 이게 아니라 주식 투자를 시작한 당신에게 꼭 하고 싶은 말이 있습니다. 아무리 시장이 좋고 수십 배 대박날 종목을 알게 되었다고 해도, 올인은 절대 금물입니다. "100만 원으로 언제 목돈을 만들어요! 저는 더 크게 투자해서 크게 먹을래요!" 하는 분이 반드시 있을 텐데요. 그래도 됩니다. 투자 결과에 따른 책임은 본인이 지는 거니까요. 하지만 주식시장은 기본적으로 전쟁터라는 점을 잊지 마세요. '크게 먹는 일'은 나중에 내공이 충분히 쌓인 뒤에 해도 절대 늦지 않습니다. 반드시 소액으로 시작하고, 잘나간다고 투자금액을 섣불리 늘리는 일은 해서는 안 됩니다.

자꾸 겁나는 이야기를 많이 해서 "그럼 주식 투자를 하지 말라는 거냐!" 라고 묻는 독자에게는 위의 일화에서 선배 이야기를 해드리고 싶네요. 시장이 급락할 것도 예측했고, 풋옵션을 사면 된다는 것도 알았고, 어떻게 사는지도 알고 있었을 텐데, 가장 중요한 투자를 하지 않아서 돈을 벌지 못했죠. 자기 이야기를 들은 후배가 대박을 터뜨렸으니 속도 쓰리실 겁니다. 결국 가장 중요한 것은 직접 투자를 하는 것! 그러기 위해선 열심히 공부도 하고 실전 경험을 쌓아야 합니다. 초보 때 손해보는 금액은 학원비라고 생각하시고 열심히 시장보는 눈을 키우시는 게 좋습니다. 투자금액은 그 뒤에 늘려도 됩니다.

제가 기초레슨 때부터 강조한 포트폴리오 조정 기억나시나요? 주식과 채권(예금)의 이상적인 투자비율 공식이 뭐였죠? 맞습니다, '100−나이' 이 비율로 주식형 자산에 투자하라고 했죠. 바꿔 말하면 아무리 주식에 자신이 생겼다고 해도 절대 올인하지 말고 자기 나이(31%)만큼은 정기 예금이나 채권형 재산에 투자해야 한다는 겁니다. 꼭 명심하세요!

허 옵빠의 보너스 레슨

이 주식이 싼지 비싼지 모르겠어요

좀 더 구체적으로 진도를 나가보도록 하죠. 도대체 언제 주식시장에 발을 담그고 빼야 할까요? 'B.L.A.S.H' 기억나시죠? Buy Low And Sell High, 싸게 사서 비싸게 팔아라!

싸게 살 수만 있다면 주식 투자는 100% 성공입니다! 문제는 이게 싼 건지 비싼 건지 판단이 서질 않는다는 거죠. 사흘 연속 오르면 비싸진 거 같기도 하고, 예전 고점에 비하면 여전히 싼 것 같기도 하고, 알쏭달쏭합니다.

그런 독자들을 위해 주식시장 전체적으로 혹은 개별종목을 매수매도 결정을 내리는 데 기준이 되는 기본적인 지표 2가지를 소개해드리겠습니다. 증권사의 애널리스트들은 기업의 가치를 최대한 정확하게 파악하기 위해서 수많은 지표를 산출해냅니다. 그렇게 계산해낸 가치와 현재의 주가를 비교해서 주가가 낮으면 매수를, 높으면 매도주문을 내는 것이죠.

하지만 수없이 많은 지표 중에서 "이 기업의 적정 주가는 얼마입니다"라고 딱 잘라서 이야기해주는 지표는 없습니다. 모두 각각의 장점과 약점이 있기 때문에 다양한 지표를 복합적으로 이해하고 결정을 내리는 수밖에 없습니다.

1. PER

주가에 영향을 미치는 수많은 변수 중에 가장 중요한 요소는 뭐니뭐니해도 실적입니다. 실적에 비해 주가가 저평가(싸다) 혹은 고평가(비싸다) 됐다는 판단을 내리는 경우가 가장 많습니다. 이를 지표로 만든 것이 PER(Price Earning Ratio, 주가수익률)입니다. 주식 좀 해봤다는 사람이라면 아마 지겹게 들어봤을 겁니다. 그만큼 가장 기본이 되는 개념이라 할 수 있죠.

PER은 생각보다 간단하게 계산할 수 있습니다. 시가총액을 순이익으로 나누기만 하면 되거든요.

PER = 시가총액 / 순이익

PER이 낮을수록 실적에 비해 주가가 낮은 상태라 할 수 있고 반대로 높을수록 주가가 비싸다고 할 수 있습니다.

예를 들어서 설명해볼 테니 잘 들어보세요. 어느 기업의 시가총액이 5000억 원이고 올해 순이익이 500억 원이라면 PER은 얼마가 될까요? 그렇죠, 10배가 될 겁니다. 참 쉽죠? 그런데 문제는 지금 구한 10이라는 숫자만으로는 이 기업의 주가가 기업 실적에 비해서 높은지 낮은지 판단하기 애매하다는 겁니다. 그래서 다른 기업의 PER이나 해당 종목의 역사적인 PER과 비교해서 추리를 해봐야 합니다.

만약 경쟁 업체들의 평균 PER이 15배라면 이 기업의 주가는 상대적으로 낮은 편이라고 판단합니다. 지금 가격이 싼 것이니까 향후 주가가 오를 가능성이 있다고 볼 수 있겠죠. 또 이 종목의 PER이 수년간 12배 수준이었는데, 단기 충격에 의해서 10배로 급락했다면 다시 12배 수준으로 돌아갈 것이라 판단하고 매수에 나설 수 있습니다.

참고로 PER은 업종에 따라 적정 수준이 제각각입니다. 보통 전통적인 제조업의 경우 PER이 10~12배 정도만 되어도 높다고 할 수 있는 반면, 소프트웨어 콘텐츠 산업의 경우는 20~30배, 심한 경우 30~40배가 넘는 경우도 허다합니다.

여기까지 이해할 수 있다면 PER의 개념은 다 알게 된 것입니다. 자, 여기서 한 걸음만 더 나가보겠습니다. 잘 따라오세요.

지금 PER을 공부한 1차 목적은 개별 주식을 평가하기 위해서가 아니랍니다. 바로 시장 전체적으로 지금이 주식을 살 때인지 팔 때인지를 판단하기 위해서입니다. PER은 개별종목만이 아니라 모든 지수별로 따로 계산할 수 있거든요. 코스피200의 PER을 계산해봐서 PER이 낮다고 판단된다면 주식 투자하기 좋은 시점이라 할 수 있는 것이죠.

추정하는 사람에 따라 약간의 차이는 있지만 코스피200 PER은 보통 10~12배 정도 사이에서 안정적인 흐름을 보입니다. 그러다 주식시장이 탄력을 받아 12배 이상으로 뛰어올랐다고 합시다. 보통 PER이 14배에 근접하면 과열 상태에 접어들었다고 보면 됩니다.

실제로는 어땠냐고요? 2007년 금융위기 직전 종합주가지수 2000 시대를 처음 열었을 때, 3000까지도 너끈히 갈 수 있을 것이라 예상하고 많은 사람들이 공격적으로 펀드 투자에 나섰습니다. 하지만 당시 코스피200 PER은 13.2배로 이미 과열 조짐을 보이고 있었습니다. 즉 그때는 주식을 살 때가 아니라 오히려 시장에서 발을 빼야 하는 시점이었다는 것이죠.

이렇게 간단한 수치 계산만으로도 시장에 들어갈지 말지를 판단할 수 있습니다. 코스피200의 PER은 경제신문이나 재테크 게시판만 체크해도 수시로 알 수 있으니 따로 계산하려 노력할 필요도 없답니다.

2. PBR

앞에서 PER을 계산하기 위해서는 시가총액을 순이익으로 나누면 된다고 했습니다. 시가총액은 거의 고정되어 있으니 언제든 쉽게 구할 수 있는데, 순이익은 한 번 더 생각해야 할 것들이 있습니다. 작년도 순이익은 이미 알려져 있는 숫자이기 때문에 쉽게 쓸 수 있겠지만 주가는 기업의 어제 실적이 얼마나 좋았나보다 내일 얼마나 잘 나갈까에 더 큰 영향을 받기 마련이거든요. 다시 말해서 분모에 들어가는 순이익은 작년 실적보다 올해 예상 실적을 써야 더 믿을 만한 결과가 나옵니다.

예상 순이익을 구하는 것이 경기가 안정적인 상황이거나 호황일 때는 큰 문제가 없습니다. 하지만 2007년도 금융위기나 작년 유럽발 재정위기와 같이 글로벌 경기 자체를 꺾어버리는 충격이 있는 경우라면 이야기가 달라집니다. 위기 직후 주가지수가 급락해 PER은 빠른 속도로 낮아졌습니다. PER이 낮으니 주가가 바닥을 치고 곧 올라가겠다고 쉽게 생각할 수 있지만 그게 아닙니다. 앞으로 경제 상황이 나빠져 기업 실적도 같이 안 좋아지는 상황을 반영하지 못한 수치이기 때문이죠.

이럴 땐 PER만 가지고 판단해선 안되겠죠? 그래서 지표를 하나 더 알려드릴게요. PER은 실적 대비 주가를 나타내는 지표고, 그 기업이 가지고 있는 장부상의 순자산 대비 주가를 나타내는 지표로 PBR(Price Book-value Ratio, 주당순자산가치)이 있습니다. PBR은 시가총액을 장부상 순자산으로 나누면 구할 수 있습니다.

PBR=시가총액 / 순자산

일시적 충격으로 주가가 급락하고 시장이 하락을 거듭할 때는 PER보다 PBR이 더 유용합니다. 회계장부 상의 순자산은 경기가 안 좋아진다고 해도 쉽게 변하지 않기 때문이죠.

PBR의 기준은 1이라고 생각하면 됩니다. PBR이 1이라는 것은 시장에서 평가하는 기업의 가치인 시가총액과 그 회사가 보유하고 있는 자산의 가치가 일치한다는 뜻이겠죠. 만약 PBR이 1보다 작다면 무엇을 의미할까요? 시장에서 평가하는 시가총액이 그 회사가 보유하고 있는 자산의 가치보다 낮다는 걸 뜻합니다. 주가가 자산 대비 저평가됐다고 평가할 수 있습니다. 지금 주식을 몽땅 사서 가지고 있는 것보다 회사 문을 닫고 보유하고 있었던 땅이며 공장기계 등을 팔아서 현금화하는 게 이익이기 때문입니다.

PBR도 역시 코스피200에 대해서도 계산할 수 있는데, 보통 주가가 급락해 0.8 정도 수준까지 오면 바닥이라고 보는 의견이 많습니다. 매우 보수적으로 보는 애널리스트는 0.7까지 대비하기도 합니다.

2단계
5000만 원 투자하기

축하합니다. 어느 새 5000만 원을 모으셨군요! 이제 중대한 갈림길에 섰다고 보면 됩니다. 여기서 어떤 전략을 취하느냐에 따라 더 큰 부자가 될 수도 있고 고만고만한 재테크에 그칠 수도 있거든요.

물론 5000만 원이라는 금액은 적지 않은 돈이기는 하지만 그렇다고 이것만으로 집을 구하거나 다른 자산에 투자하기에는 좀 부족한 면이 있습니다. 애정남도 딱 정하기 곤란한 애매한 액수죠. 여기서는 3~6년 정도를 바라보고 종잣돈을 한 단계 업그레이드 한다는 목표를 세우고 설명하겠습니다.

여기에 맞는 금융상품으로 어느 정도 원금보장이 되면서 시장상황에 따라 꽤 짭짤한 수익을 올릴 수 있는 채권과 ELS를 꼽아보았습니다. 물론 3000만 원일 때와 같이 그냥 계속 저축은행 정기예금으로 굴리거나 시장을 보는 눈이 생겼다면 주식 투자를 해도 됩니다.

부자들이 애용하는 재테크 – 채권

채권은 주식만큼이나 투자자들 입에 많이 오르고 내립니다. 하지만 정작 주위에서 채권에 직접 투자하는 사람을 찾기는 힘들죠. 아직 국내에서는 생소한 재테크 수단이지만 고액 자산가들은 채권을 애용하고 있는데요. 분명 그럴 만한 이유가 있겠지요? 이제 개인 투자자들도 채권에 관심을 가지고 투자 포트폴리오에 적극적으로 편입할 필요가 있습니다.

1. 채권이란 차용증이다?

채권이란 간단히 말해 돈을 빌리면서 언제까지 이자와 원금을 갚겠다고 써준 종이를 말합니다. 일종의 차용증인 셈이죠. 채권은 누구나 발행 가능합니다. 일반 개인이 발행하면 '사채'라 하고, 삼성전자와 같이 기업이 발행하면 '회사채', 도시철도공사가 발행자라면 '공채'라고 이름만 다르게 부릅니다. 그리고 대한민국 정부라면 이것을 '국채'라고 하고요.

채권에 투자하는 사람, 즉 돈을 빌려주는 입장에서는 돈을 제대로 받을 수 있을지, 혹시 돈 빌린 사람(채권발행자)이 파산해서 BJR(배째라) 선언이라도 하면 어쩌나 걱정이 앞섭니다. 당연히 돈 떼일 위험이 높은 채권일수록 이자를 더 많이 지불해야 돈을 빌려주는 투자자가 나설 것입니다. 채권의 금리는 그렇게 정해지는 거랍니다.

일단 국공채는 대한민국이 망하지 않는다면 부도 날 위험이 없기 때문에 은행 예금과 비슷한 이자만 지급합니다. 회사채의 경우 기업 신용도에 따라 다른 이자를 제시하는데, 보통 A등급이나 BBB 등급 이상 신용도를 가지고 있다면 우량 채권으로 보시면 됩니다. 이들 회사채 역시 안전한 만큼 역시 이자가 높지는 않겠죠.

좋게 부르면 고수익채권(하이일드 채권), 나쁘게 이름 붙이면 정크본드(쓰레기 채권)라고 들어보셨나요? 보통 BB 이하 등급이 매겨져 있는 채권을 말하는데요 여차하면 회사가 넘어가고 돈을 떼일 수 있기 때문에 아주 조심해서 투자해야 합니다. 과거 금호타이어나 하이닉스반도체, 현대건설, LG카드의 경우 상당한 수익을 가져다준 사례가 있기는 합니다만 그래도 매우 위험한 베팅이니 잘 따져보고 투자해야 합니다.

2. 채권 투자의 거부할 수 없는 매력

일단 한 가지 짚고 넘어가야 할 것이 있습니다. 이 시점에서 채권 투자를 살펴보는 이유는 은행예금 이외에 다른 '안전자산'을 알아보기 위해서라는 것! 따라서 우리들의 실제 채권 투자 리스트에는 국공채 정도만 올려놓기로 합니다.

채권을 사서 만기까지 보유하면 미리 정해놓은 원금과 이자를 받습니다. 하지만 채권의 가격은 시중 금리와 반대로 움직이는 특성이 있습니다. 즉 금리가 오르면 채권 가격은 떨어지고 금리가 떨어지면 채권 가격은 오르게 되죠. 따라서 채권을 사서 보유하고 있는데 만기 전에 금리가 떨어져 채권 가격이 오르면 중산에 언제든지 팔아서 수익을 실현할 수도 있습니다.

그런데 반대로 금리가 갑자기 뛰어올라 채권 가격이 급락한다면? 그냥 만기까지 들고 가서 처음 정해져 있던 이자와 원금을 받으면 됩니다. 꽤 남는 장사죠.

국공채 표면이자가 은행예금과 비슷한데도 굳이 채권 투자를 추천하는 이유가 바로 이것입니다. 은행 예·적금은 정해진 금리만 받지만 채권은 채권가격 자체가 변해 차익을 얻을 수 있기 때문입니다. 작년 국고채 수익률을 확인해보면 깜짝 놀라실 겁니다.

작년 한국은행은 기준금리를 상반기에만 0.25%씩 세 차례나 올렸습니다. 그러다 유럽발 위기로 세계경제가 침체 국면으로 들어서면서 6월을 마지막으로 금리 인상을 중단했습니다. 기준금리를 인상한다는 소식에 장기채 금리는 미리 올랐고 하반기 들어 계속 지연되면서 선반영됐던 금리가 단기채권보다 더 떨어지는 상황이

연출됐습니다. 그러면서 10년물 국고채 금리가 1년새 67bp(0.67%)나 하락했고 그에 따라 채권가격은 5.36% 올랐습니다. 여기에 정기적으로 지급되는 4% 정도의 표면이자를 합해 장기채권 투자자는 8%가 넘는 수익을 거두었습니다.

요즘 같은 저금리 시대에 8%라니, 이쯤이면 비실대는 주식시장보다 낫죠. 어때요, 왜 채권 투자에 관심을 가지라고 추천하는지 아시겠죠? 아주 조금만 공부하면 종잣돈을 빨리 불릴 수 있는 방법들이 꽤 많답니다.

3. 채권 투자의 최대 적은 물가

장기보유를 기본으로 하는 국채 투자에서 가장 위험한 적은 바로 물가상승입니다. 10년 동안 4% 이자를 계속 받겠지만 물가가 4% 오르면 10년 뒤의 자산가치는 지금과 똑같아지기 때문입니다. 그래서 최근 주목할 만한 채권 상품으로 '물가연동채권'을 꼽는 전문가가 많습니다. 물가연동채권은 국채의 원금과 이자지급액을 물가에 연동시켜 물가가 오르면 채권가격도 함께 오르게 돼 국고채의 실질 구매력을 보장하는 특징이 있죠.

지난 해 소비자물가가 4% 정도 오른 것으로 나타났습니다. 특히 지난 8월에는 전년 동기 대비 5.3%나 치솟으며 3년 만에 최고치를 기록하기도 했습니다. 하반기에 들면서 다소 수그러들기는 했지만 연초부터 인플레이션 압력이 거세 1년 내내 고물가 문제가 신문지면을 장식했죠. 그 덕분에 물가연동채권도 핫 키워드로 자리를 잡았습니다.

올해 소비자물가 상승률이 연 3.3% 정도로 작년보다 다소 둔화될 것으로 예상되지만 추세적으로 물가 상승압력이 지속될 것이라는 의견이 많습니다. 당연히 물가연동채권도 당분간 그 인기가 지속될 것으로 보입니다. 물가연동국채를 편입한 펀드에 가입하면 직접 사는 것보다 간편하게 투자할 수 있으니 관련 상품을 찾아보세요.

겁쟁이 투자자들의 마음을 얻다 – ELS

글로벌 금융위기 때 반토막, 반의 반토막이라는 아픔과 함께 "다시는 주식시장 쳐다도 보지 않겠다" 다짐한 투자자들의 마음을 돌린 상품이 있습니다. 바로 ELS! 많이 들어보셨을 겁니다. ELS는 개별주식 가격 혹은 주가지수에 연계돼 투자수익이 결정되는 유가증권으로 주가연계증권이라 부릅니다. 예를 들어 가입 시점의 기준가에서 50~60% 이하로 떨어지지만 않으면 주가가 얼마가 빠지든 만기 날에 연 10% 수익을 주겠다는 상품입니다. 꽤 그럴듯하게 들리죠? 그래서 은행예금으로는 만족 못하지만 주식 투자하기는 겁내던 많은 투자자들의 마음을 잡은 겁니다.

특히 주식시장이 폭락하고 나서 정신없이 출렁거리며 지수가 횡

보를 할 때, 더 이상 급락은 없을 것 같기는 한데 그래도 당장 급반등은 힘들 것 같고, 갈팡질팡 도무지 종잡을 수 없을 때 ELS의 매력이 극대화됩니다.

1. 주가 떨어져도 손해 안본다? 진짜?

기본적으로 ELS는 대부분의 자산을 우량채권 등에 투자해 원금을 보존하면서 일부를 주가지수 옵션 등 파생상품에 투자해 +α 수익을 노리는 구조로 되어 있습니다. 간단한 예를 들어 볼까요?

100만 원 규모로 모집하는 3년 만기 ELS가 있다고 가정해보죠. 원금보존을 위해 약 89만 원은 연수익률 4%짜리 3년 만기 국채에 투자하고 +α 수익을 위해 나머지 11만 원은 코스피200을 따르는 파생상품에 투자하게 됩니다. 3년 뒤 만기시 파생상품에서 10%의 수익이 났다면 89만 원 투자한 국채는 원금과 이자 합해서 100만 원을 환급받고 파생상품은 11만 원+1만 1000원을 돌려받아 이를 모두 합해서 112만 1000원을 찾게 됩니다. 3년 만에 12.1% 수익을 올린 셈이죠. 만약 파생상품 투자가 잘못돼서 모두 날리더라도 국채에 투자한 89만 원을 100만 원으로 돌려받기 때문에 원금은 보장받게 되는 구조입니다.

원금보장형 ELS의 상품 구조를 아주 단순화해서 설명드렸습니다. ELS에는 원금보장형 말고도 다양한 형태의 상품이 많기 때문에 투자에 나설 때는 반드시 상품구조에 대해 열공해야 합니다.

2. 복잡한 ELS, 알기 쉽게 설명해주세요

위에서 간단하게 설명해드린 바와 같이 ELS는 주식과 펀드와는 달리 주가가 떨어진다고 무조건 손해가 나지 않습니다. 마찬가지로 주가가 오른다고 그대로 수익이 나는 것도 아니죠. 증권사와 일종의 내기를 한다고 생각해도 좋겠네요. ELS가 가지고 있는 복잡한 룰을 살펴보도록 하겠습니다.

일단 ELS는 크게 원금보장형과 비보장형으로 나눌 수 있습니다.

원금보장형 내기의 룰은 대부분 상품구조가 코스피200을 기준으로 합니다. 만기 평가일에 미리 제시한 구간 안에 코스피200 지수가 있을 경우 수익이 발생하고 그 지수를 초과해서 더 많이 오른 경우에도 미리 정한 수익률만큼만 돌려받게 됩니다. 물론 지수가 하락하더라도 원금은 돌려받을 수 있습니다.

원금비보장형의 경우 다양한 상품구조가 있는데 요즘엔 스텝다운이라 불리는 형태가 가장 많이 출시되고 인기도 좋습니다. 스텝다운형은 특정 주식의 주가를 몇 개월마다 중간 평가하고 평가일에 몇 % 이상 하락하지 않으면 연 몇 %의 수익을 지급하고 조기에 돈을 찾을 수 있는 형태를 가지고 있습니다. 말이 참 어렵죠?

막연하게 말로 설명하는 것보다 실제로 판매된 원금보장형 ELS와 원금비보장형 스텝다운 ELS 상품구조를 살펴보면 ELS가 이런 것이구나 감이 올 것입니다. 복잡해도 한 상품 구조만 살펴보면 다른 형태의 상품들도 비슷한 방식으로 설명이 나와 있기 때문에 이해하는 데 어려움이 없을 겁니다. 아래 두 상품을 비교해보세요. 지금 가입한다면 어떤 상품에 가입하실 건가요?

원금비보장형 스텝다운 ELS

- 기초자산 : 코스피200
- 3년 만기 / 6개월 주기로 조기상환
- 만약 기준지수를 100이라 한다면 6개월, 12개월 되는 날 지수가 85 이상 / 18개월, 24개월 되는 날 지수가 80 이상 / 30개월, 36개월 되는 날 지수가 75 이상이면 연 10.05%의 수익 지급
- 최종만기일인 3년 시점이 되도록 주식시장 상황이 안 좋아 주가가 조건보다 더 낮더라도 지수가 반토막만 나지 않는다면 역시 연 10.05% (3년에 30.15%) 수익 지급
- 최초기준가격의 50% 미만으로 한 번이라도 하락했다면 손실

원금보장형 ELS

- 기초자산 : SK텔레콤
- 3년 만기 / 6개월 주기로 조기상환
- 만약 최초기준일 주가를 100이라 한다면 6개월, 12개월, 18개월, 24개월, 30개월, 36개월 되는 날 주가가 105 이상이면 연 10.5% 수익이 지급됨
- 조기상환 되지 않더라도 만기일 종가가 105 미만인 경우 3년 동

안 SK텔레콤 가격이 80 밑으로 떨어진 적이 없다면 연 10.5%
의 수익 지급

• 3년 동안 주가가 80 밑으로 하락한 적이 있다면 원금만 돌려받음.

3. ELS 투자 이것만은 조심하세요

ELS가 여러 가지 면에서 장점이 많은 것은 사실이지만 주식 파
생상품의 영역에 있기 때문에 상품구조가 아주 복잡합니다. 반드
시 꼼꼼히 살핀 뒤 투자를 결정해야 합니다. 특히 투자기간은 잘
생각해야 하는데요. ELS의 중도해지 수수료가 5~8%나 되기 때문
입니다. 장기 여유자금으로만 투자하고 만기까지 유지할 수 있는
지 꼭 따져보세요.

또 한 가지 중요한 것은 기초자산을 고르는 일입니다. 기초자
산이 현대차, 포스코 같은 개별 주식인 경우 제시되는 수익률이
코스피200 상품에 비해 높기 마련입니다. 또 대부분 대형 우량주
라 원금비보장형인 경우라도 주가가 50% 미만으로 떨어지지 않
으면 원금은 돌려받을 수 있기 때문에 "설마 이 종목이 반토막 나
겠나?" 쉽게 생각하는 경우가 있는데요. 3년은 참 길고도 긴 시간
입니다. 대한민국 대표 우량주라도 얼마든지 반토막 날 수 있습니
다. 실제 LG전자의 경우를 살펴보면 2010년 4월에 12만 7000원을
넘던 주가가 1년이 조금 지난 2011년 8월에 5만 2000원 수준까지
떨어졌습니다. LG전자 말고도 꽤 많은 상품이 원금손실 구간에

들어갔습니다.

따라서 가급적 기초자산으로 코스피200지수 연동 상품을 고르는 게 안전하구요. 개별종목 ELS에 투자한다면 절대 몰빵하지 말고 분산하는 것, 잊지 마세요.

3단계
1억 원 투자하기

또 한 번 축하합니다. 어느덧 1억 원이라는 진정한 의미의 목돈을 모으셨군요. 굴릴 수 있는 현금이 1억 원 확보되면 활용할 수 있는 재테크 수단이 다양해집니다. 더구나 우리는 그냥 예·적금으로 돈을 모아온 것이 아니라 재테크 지식까지 촘촘히 쌓아왔으니 선택지가 더 넓어졌지요. 여기서는 처음 투자를 할 때 최소 수천만 원 이상 필요한 두 가지 상품에 대해 알아봅니다. 2년 전부터 주식 시장의 핵심 키워드로 떠오른 랩어카운트와 한국인 투자리스트에서 빠질 수 없는 부동산입니다. 이제 말 안해도 아시겠지만 앞서 말씀드린 4가지 상품으로 계속 1억원 굴리셔도 됩니다. 자, 그럼 랩 공부하러 가보죠!

랩어카운트, 뭘 포장하나요?

랩어카운트(Wrap Account)의 Wrap은 '포장하다'라는 뜻이고 Account는 '계좌'라는 뜻입니다. 즉 랩어카운트는 말 그대로 금융 자산관리사나 PB가 고객의 투자 성향과 시장 상황에 맞는 주식이 나 채권, 펀드 등 금융상품을 골라서 하나의 계좌로 통합해서 운용 해주는 종합자산관리계좌입니다.

펀드는 불특정 다수의 투자자금을 한 바구니에 담아서 펀드매니 저가 운용하고 고객은 그 성과에 대한 이익을 받는 반면, 랩어카운 트는 증권사가 어디에 어떻게 투자할 것인가에 대해 고객 대신 고 민하고 투자자가 원하는 입맛대로 맞춤 설계해주는 상품입니다. 다시 말해 개별 증권계좌가 곧 하나하나의 상품이라고 볼 수 있습 니다. 나만을 위한 맞춤복, 맞춤요리 같은 거죠.

1. 자문형 랩 열풍이 지나간 자리

랩어카운트는 크게 일임형과 자문형으로 나뉩니다. 일임형은 채 권이나 주식, 펀드, 전환사채 등 투자할 상품의 구성부터 운용까지 투자 전문가가 모두 맡아서 해주는 반면에 자문형은 투자에 대한 조언과 자문만 해주고 실제 주문은 투자자가 직접하는 형태를 취 합니다. 재작년부터 지난 해 상반기까지 광풍처럼 몰아친 랩 열풍 이 바로 자문형 랩입니다.

자문형 랩은 간단히 말해서 투자자문사가 포트폴리오를 자문하고 증권사가 운용하는 상품이라고 보면 됩니다. 이 상품은 주된 투자종목을 10개 내외로 압축해서 운용하고, 자문수수료를 추가로 내야 하기 때문에 투자비용이 비싸고, 최소 가입금액도 1000~3000만 원 수준으로 높은 편입니다.

지난해 상반기까지 자문형 랩으로 쏠림 현상이 지속돼 작년 5월에 잔액이 9조 원을 넘어섰습니다. 자문형 랩은 10개 정도의 종목에 압축투자를 했고 9조 원에 달하는 거대한 자금이 매수에 나섰기 때문에 그 포트폴리오에 들어 있는 종목은 그야말로 수직상승이라는 아름다운 그래프를 남겼습니다. 지난해 주도업종으로 꼽히던 '차, 화, 정'이라는 말을 들어본 적이 있을 겁니다. 유럽 재정위기가 오기 전까지 자동차, 화학, 정유업종 상승장을 이끌었는데요. 차화정 주도장세 속을 들여다보면 바로 '자문사 7공주'가 자리 잡고 있었습니다. 즉 투자자문사가 주도해서 끌어올린 7개 종목이 자동차, 화학, 정유주였던 겁니다.

그러나 산이 높으면 골이 깊다고 했나요. 유럽재정위기가 증시를 강타하면서 차화정 쏠림 현상은 막을 내렸고, 오히려 투매 현상까지 보이며 다른 어떤 업종보다 무섭게 떨어졌습니다. 차화정에 몰빵한 자문형 랩의 수익률은 참혹하기까지 했는데요. 압축적인 포트폴리오를 운용하며 시장 상황에 발빠르게 대응할 수 있어 어느 정도 제한된 하락장에서는 펀드보다 수익률이 좋았지만 단기간

폭락장에서는 속수무책이었습니다. 그 이후 주식시장이 회복하는 과정에서도 대부분의 자문형 랩은 코스피보다도 못한 초라한 성적을 올렸습니다.

2. 그래도 관심 가질 만한 랩은 있다

이렇듯 랩어카운트, 특히 주식형 상품은 태생적으로 지닌 위험이 있으니 바로 몇몇 종목에 압축 투자한다는 점입니다. 주식형 펀드는 보통 50개 이상 종목에 분산투자를 하는데 비해 랩상품은 10~20개 정도만으로 포트폴리오를 구성합니다. 기본적으로 분산투자와는 거리가 먼 상품입니다. 상승장에서는 그 열매가 달겠지만 급락장에서 대처가 안 된다는 단점이 있죠.

그럼에도 불구하고 랩어카운트는 목돈을 쥐고 있는 주식 초보자들에게 꽤 괜찮은 상품입니다. 아무래도 전문가들이 관리하는 상품이니 직접 개인 투자하는 것보다 수익성 면이나 위험관리 측면에서 장점이 있겠죠.

시중에 나와 있는 수많은 랩 상품 중에는 귀에 딱지가 앉을 정도로 반복해서 배워온 다양한 ETF 종목을 위주로 전략을 짜서 운용하는 'ETF 랩'이 있습니다. 앞에서 배운 대로 ETF는 기본적으로 주가지수나 업종별 혹은 해외증시나 원자재 지수를 추종하도록 만든 종목이기 때문에 어떤 종목 하나를 사더라도 이미 분산투자 요건을 만족합니다. 또한 하락장에서 수익이 나는 '인버스 ETF'와 상승장에서 2배의 이익을 낼 수있는 '레버리지 ETF'로 다양한 투자 전략을 짤 수 있습니다.

즉 주식시장이 고평가 구간에 들어서면 인버스 ETF로 하락장에 대비하고 반대로 증시가 급락해 주식이 저평가 상태로 확인되면 레버리지 ETF를 매수해 적극적으로 대응해나가는 식입니다. 작년 하반기 재정위기를 겪는 동안에도 ETF 랩의 성적은 (설정일에 따라 다소 차이가 있었지만) 대부분 코스피 수익률을 뛰어넘은 것으로 나왔습니다.

랩어카운트 상품은 수수료가 비교적 높고 최소가입 금액도 2000만 원 정도로 부담스럽기 때문에 전 재산을 몰빵해야 하는 상황이라면 절대 권할 수 없습니다. 어느 정도 목돈을 모은 뒤에 자산의 일부를 더 다양하게 운용한다는 분산투자 개념으로 접근하기를 권해드립니다.

드디어 부동산 시장에 첫발

우리 부모님 세대, 아니 그렇게 멀리 갈 필요도 없습니다. 2000년 대 중반 정도까지만 해도 통장에 여유자금으로 1억 이상 현금을 가지고 있다면 어디에 투자할까 고민할 필요가 없었습니다. 복잡한 주식, 처음 듣는 ETF, 어렵기만 한 ELS, 넌 누구냐 자문형 랩 다 필요없었습니다.

"무조건 부동산으로 고~" 은행 대출받고 전세 끼고 3~4억 정도 되는 아파트 한 채 사서 몇 년만 가지고 있으면 최소 2배는 보장됐으니까요.

그러다 2007년 금융위기로 세상이 바뀌었습니다. '부동산 불패 신화'가 무너진 거죠. 그 전까지 앞뒤 따지지도 않고 무조건 오르기만 했던 부동산, 아니 콕 집어서 아파트 가격이 이런저런 변명거리가 생기면서 흔들리기 시작했고 이제는 부동산 시장이 언제 회복되나, 아니 회복이 되기는 할까라는 질문이 오히려 더 자연스럽게 느껴집니다.

어느덧 재테크 수단으로 부동산은 끝났다는 비관론이 자리를 잡아 요사이 돈이 있어도 굳이 집을 사려고 하지 않는 가구가 눈에 띄게 늘었습니다. 지난해 부동산 시장 핵심 단어인 '전세난'의 원인 중 하나로 지목될 정도니까요.

하지만 재테크의 기본은 자산배분이 90%라고 했습니다. 부동산 몰빵도 매우 투기적인 '복부인' 스타일이지만 부동산은 손대지 않겠다고 큰 소리 치는 것 역시 투기적인 재테크의 다른 형태로 봐야 할 것입니다.

투자 포트폴리오에는 반드시 주식, 채권 그리고 부동산이 적절한 비율로 배분되어 있어야 합니다. 그래야 대박은 없어도 최소한 중박 정도는 할 수 있으니까요. 다만 부동산 시장이 구조적으로

256

변화조짐을 보이고 있는 만큼, 투자전략을 좀 다르게 가져가야 하겠죠.

부동산은 투자 대상이기도 하지만 기본적으로 주거 수단입니다. 무조건 나몰라라 할 수 없는 것이죠. 여기서는 주거의 수단으로서의 부동산이 아니라, 철저하게 투자 대상인 부동산만 언급하겠습니다. 물론 결혼하고 나서 살 집을 미리 사놓고 결혼 전까지는 수익을 올릴 수 있는 집에 투자할 수도 있으면 좋겠지만, 그건 다음 기회로 미루기로 합시다.

1. 부동산 시장 어떻게 바뀔 것인가

부동산은 기본적으로 인구분포에 영향을 많이 받기 마련입니다. 베이비붐 세대가 은퇴를 시작하고, 저출산으로 인구증가 속도가 느려져 2031년부터 인구가 감소한다고 합니다. 반면 주택 구입의 기본단위인 가구 수는 지속적으로 늘어날 전망이고요.

상식적으로 생각해봅시다. 인구가 줄어들면 집을 살 사람도 줄어들겠지요? 이런 상황이라면 장기적으로 집값이 몇 억씩 오를 확률은 그리 높지 않아 보입니다. 그런데 가구 수는 늘어날 전망이랍니다. 다시 말해서 1~2인 가구 비중이 점차 늘어나 소형 주택이 많이 필요할 것으로 보입니다.

현재 43.4%인 1~2인 가구 비중은 2030년 51.8%로 높아질 것이라는 연구 결과도 있습니다. 이미 시장에는 중대형 외면 현상이 나타나고 있고, 미분양으로 몸살을 앓고 있는 아파트도 대부분 중대형입니다.

어떤가요? 이 정도면 앞으로 부동산 시장에 어떻게 접근해야 하는지 충분히 힌트를 집어낼 수 있겠죠? 예, 맞습니다. 집값이 오를 것으로 보고 은행 빚 최대한 끌어들여 화끈하게 지르는 투자가 아닌 1~2인 가구를 대상으로 꼬박꼬박 월세를 받을 수 있는 그런 수익형 부동산 투자에 나서야 할 때입니다.

2. 부동산? 투자할 엄두가 안 나요

사실 20대 입장에서 부동산이라는 단어 자체도 낯설 것입니다. 주식 투자만 해도 작게는 몇 십만 원 정도면 쉽게 경험할 수 있지만 부동산 투자는 보통 결혼을 하고 신혼집을 구하는 정도 시기가 되어야 관심을 가지게 되니까요.

하지만 20대라도 시장이 어떻게 흘러가고 있는지 정도는 알 필요가 있습니다. 남의 일로만 여기지 말고 기회가 될 때마다 공부를 해보세요. 부동산은 금융자산과는 다르게 투자종목을 고르고 거래하는 데 있어서 복잡한 메커니즘을 가지고 있거든요.

부동산 시장의 특성을 간략하게 알아볼까요? 부동산 거래는 기본적으로 사는 사람과 파는 사람이 1대 1로 만나 이루어집니다. 집을 팔고 싶은 사람은 동네 부동산중개소에 집을 내놓고, 집을 사고 싶은 사람들은 자신이 사고 싶은 동네 부동산중개소를 찾아다니며 매물이 있는지 일일이 확인해야 합니다. 매수자와 매도자는 부동산 중개인을 통해 매물 가격 조정을 하고, 가격협상이 끝나면 최종적으로 계약을 하게 됩니다.

따라서 비슷한 조건의 아파트라도 서로 다른 가격으로 거래되는 경우가 많고 심지어 똑같은 매물을 주인 사정에 따라 부동산 업소별로 다른 가격에 내놓는 경우도 있습니다. 또 어떤 은행을 가든 상관없는 예금이나 주식과 달리 부동산 거래에서는 싸게 잘 사주는 부동산 혹은 비싸게 잘 팔아주는 부동산 식으로 중개인에 따라 수백만 원 이익을 볼 수도 있고 손해를 볼 수도 있습니다.

무엇보다 거래가 뜸한 상황에서는 내가 구입하려고 하는 집의 진정한 시장가치가 얼마인지 정확하게 알 수가 없습니다. 잘못하면 가격이 떨어지기 전의 터무니없는 값을 주고 살 수도 있지요. 특히 매물이 많은 아파트보다 단독주택이나 다세대주택을 거래할 경우 더 조심해야 합니다.

한 가지 더하자면 부동산은 거래에 따른 비용이 만만치 않습니다. 중개수수료를 내야 하고 취득세, 또 팔 때 차익이 있었다면 양도세까지 나가는 비용이 꽤 됩니다. 게다가 취득세나 양도세는 모든 경우 일정하지 않고 경우에 따라 천차만별로 부과되기 때문에 반드시 미리 확인해 놓아야 합니다. 어때요. 따져볼 것이 정말 많죠? 그렇기 때문에 반드시 부동산 공부를 미리 해두어야 하는 거랍니다.

3. 도시형생활주택이냐, 오피스텔이냐

1억 원 내외로 투자할 만한 대표적인 수익형 부동산으로 1~2인 가구를 공략하는 도시형생활주택과 오피스텔을 들 수 있습니다. 지난해 아파트 분양 실적이 좋지 않은 상황에서도 오피스텔 분양 경쟁률은 치솟았고 분양가도 상승세를 탔었죠.

작년에 새로 분양된 도시형생활주택의 경우를 살펴볼까요. 강남권보다는 관악구 봉천동, 신림동과 구로구 구로동 일대에 많이 들어섰습니다. 분양가는 3.3㎡당 1400만 원이 넘지 않는 선에서 한 채당 1억 5000만 원 전후에서 결정됐습니다. 은행대출 끼고 분양을 받아 세를 놓으면 보증금 1000만 원에 월세 60만 원 정도를 받을 수 있겠네요. 은행 이자를 내고도 6% 정도의 수익률을 올릴 수 있는 셈입니다.

이렇게만 벌어준다면야 참 좋겠지만 한 가지 문제가 있습니다. 도시형생활주택과 오피스텔 인기가 치솟다 보니 분양가도 덩달아 뛰고 있다는 것이죠. 이 비싼 분양가가 투자수익률을 갉아먹는 주범입니다.

작년 강남역 중심으로 분양된 오피스텔의 경우 분양가가 3.3㎡당 1552만 원 선이었고 52㎡ 분양을 받으려면 2억 5000만 원 가량 투자를 해야 했습니다. 보증금 1000만 원을 뺀 2억 4000만 원 가량이 실질투자액이라 보면 연 5% 수익률을 올리려면 월 임대료는 최소 100만 원은 되어야 하지만 실제로 주변 비슷한 오피스텔의 월세 시세는

80~95만 원 수준 이었습니다. 5% 수익도 쉽지 않습니다.

실제로 서울 오피스텔 3.3㎡당 분양가를 살펴보면 2008년 837만 원에서 2009년 930만 원, 그리고 2010년 1343만 원으로 급등했습니다. 반대로 임대수익률은 점점 낮아져 2010년 12월 말 기준으로 5.76%로 2006년 6.54% 이후 4년 연속 하락했습니다. 따라서 좀 더 신중한 투자 결정이 필요한 때입니다.

4. 도시형생활주택에 투자한다면 이 동네로

그럼에도 '월세받는 꿈'을 이루고 싶다면 동네 선택이 중요합니다. 서울 기준으로 임대수익률이 좋은 곳은 어디 일까요?

2011년 7월 기준으로 은평구가 6.89%로 가장 높았습니다. 그 외에 6%가 넘는 지역을 살펴보면 강서구, 서대문구, 동작구, 동대문구, 성동구, 금천구, 관악구, 강북구 등이었습니다. 은평구는 대중교통으로 20분 내외로 도심권으로 갈 수 있어 직장인 수요가 탄탄하고, 서대문구와 동대문구의 경우는 지역 내 대학생 수요와 상업시설 종사자가 풍부해 관심 지역으로 떠올랐습니다. 반면 강남구, 서초구, 송파구는 수익률이 각각 5.41%, 5.69%, 4.88%로 하위권을 벗어나지 못했습니다. 하지만 인기 지역일수록 공급이 많아지고 공급이 많아지면 월세는 내려가고 수익률은 낮아질 수밖에 없으니 꼼꼼한 시장 분석이 필요합니다.

허 옵빠의 보너스 레슨

마지막 팁, 남의 포트폴리오를 참고하라

지금까지 3000만 원, 5000만 원 그리고 1억 원이라는 목돈을 어떻게 굴리면 좋을까 하나하나 살펴봤습니다. 여기서 설명한 것은 자산 포트폴리오를 구성하는 모범적인 답안은 아니고 그저 수많은 정답 중 하나에 불과합니다. 개인마다 투자성향이 다르고 자금 계획이라든가 각자의 사정도 제각각이기 때문이죠.

이럴 땐 나와 비슷한 성향과 처지에 있는 사람들은 어떻게 재테크를 하는지 알아두면 꽤 도움이 됩니다. 바로 신문 속에 그런 정보가 있습니다. 개인적으로 수습기자 때부터 반드시 챙겨보는 기사인데요. 경제신문이나 종합지 경제섹션에 정기적으로 실리는 재테크 상담 코너입니다.

월수입이 700만 원인 맞벌이 부부부터 수십 억 자산을 가지고 상속을 걱정하는 할아버지의 사연까지 다양한 사연들이 올라오고 전문가들이 포트폴리오 리모델링을 해줍니다. 관심을 가지고 꾸준히 읽다 보면 나와 비슷한 수입과 재산을 가진 경우가 나옵니다. 그럴 경우에 어떤 식으로 포트폴리오를 구성하는 게 정석인지 힌트를 얻을 수 있습니다. 또 여러 가지 상담 사례를 보면서 나중에 내

262

가 어느 정도 돈을 모았을 때 시행착오 없이 재산관리를 할 수 있게 실질적인 도움을 받을 수도 있습니다.

여기서도 체크할 것이 있으니, 포트폴리오를 짜준 사람들이 누구인지 한 번 더 살피세요. 보험회사 재테크 팀이라면 보험 권유가 많고, 은행이나 증권사라면 아무래도 펀드 상품이 많겠지요? 그대로 따라하기보다 보험이 필요할 때 권해준 상품을 참고하고, 펀드 가입을 고려 중일 때 펀드상품을 비교해보는 것이 경제신문을 제대로 읽는 방법이랍니다.

자, 제가 해드리는 레슨은 여기까지입니다. 어떠세요. 도움이 좀 되셨나요? 모르는 용어도 많이 나오고 복잡해서 골치가 아프신가요? 그래서 제가 기초 레슨에선 딱 하나 ETF만 이야기한 거랍니다. 조금 머리 아프게 해드려도 좋으니 ETF 투자에 꼭 성공하셔서 이 심화학습을 써먹을 날이 왔으면 좋겠네요. 일단 지금 당장 ETF를 시작하세요. ETF로 목돈부터 만들어 놓고 그때 가서 투자할 곳을 또 함께 고민하기로 해요! 언제 어디서나 행운이 함께 하길 빕니다. 읽어주셔서 감사합니다.

KI신서 3787

언니의 비밀통장

1판 1쇄 발행 2012년 1월 31일
1판 15쇄 발행 2014년 12월 15일

지은이 허서윤·신찬옥
펴낸이 김영곤 **펴낸곳** (주)북이십일 21세기북스
부사장 임병주 **이사** 이유남
책임편집 윤홍 **디자인** 박선향 **일러스트** 이호석
영업본부장 안형태 **영업** 권장규 정병철
마케팅본부장 이희정 **마케팅팀** 민안기 김홍선 강서영 이영인
출판등록 2000년 5월 6일 제10-1965호
주소 (우 413-120) 경기도 파주시 회동길 201(문발동)
대표전화 031-955-2100 **팩스** 031-955-2151 **이메일** book21@book21.co.kr
홈페이지 www.book21.com **블로그** b.book21.com
트위터 @21cbook **페이스북** facebook.com/21cbooks

ISBN 978-89-509-3543-6 13320
책값은 뒤표지에 있습니다.